LE TAROT DE L'ANIMAL TOTEM

Leeza Robertson
Illustrations de Eugene Smith

Le Tarot de l'Animal Totem

ÉDITIONS
VÉGA
19, rue Saint-Séverin
75005 Paris

Titre original : *Animal Totem Tarot*

Publié pour la première fois par Hay House inc..

Traduction : Renée Thivierge
Révision linguistique : L. Lespinay
Correction d'épreuves : Nancy Coulombe, Émilie Leroux et Féminin Pluriel
Conception de la couverture : Amélie Bourbonnais Sureault
Illustrations : Eugene Smith
Mise en pages : Bourbonnais Sureault

ISBN : 978-2-85829-948-5

www.editions-tredaniel.com
info@guytredaniel.fr
www.facebook.com/editions.tredaniel

Je dédie ce tarot aux animaux.
Puissent leurs voix et leurs leçons
vous guider dans votre chemin.

Sommaire

Préface

Le monde des animaux totems, ou animaux de pouvoir, fait partie du domaine fascinant de la spiritualité et c'est celui sur lequel j'œuvre depuis 2006. Je me souviens du jour où pour la première fois, j'ai tenu un jeu de cartes consacré à la médecine vétérinaire ; j'ai eu l'impression que quelqu'un m'avait remis un manuel secret pour expliquer le monde qui m'entourait. J'ai plongé comme un poisson dans l'eau, si vous me permettez le jeu de mots. Au fil des ans, je me suis ouverte de plus en plus au monde des animaux, au point de puiser dans cette énergie, de la canaliser et de la communiquer en messages sans avoir besoin de cartes.

En 2009, j'ai commencé à donner des cours sur les animaux de pouvoir et les animaux totems, en aidant les gens à entrer en contact avec leurs animaux de pouvoir et à comprendre les messages envoyés par ces guides spirituels. Ces cours m'ont permis de participer à l'écriture de quelques ouvrages, dont l'un que j'ai conçu et qui est devenu un succès de librairie : *Animal Totems & How To Use Them for Everyday Life*. Cet ouvrage sera le premier d'une série de livres sur les animaux totems, les animaux de pouvoir et les messages des animaux guides.

Lorsque j'ai commencé mon exploration du tarot en 2007, je ne me doutais pas qu'elle deviendrait de plus en plus intense tout au long de ma vie. J'ai utilisé le tarot pour ma guérison et ma croissance personnelle, ainsi que pour en apprendre davantage sur la personne que je suis et la raison de ma présence ici-bas.

Pour moi, le tarot est comme une carte géographique qui trace le parcours de l'âme à travers les expériences physiques. À chaque nouveau passage, les cartes elles-mêmes prennent une vie nouvelle et passionnante.

Plus tard en 2010, j'ai commencé à écrire sur le tarot afin de partager mes découvertes sur ces fascinantes cartes. J'ai écrit des blogues et des articles pour des bulletins d'information, des e-magazines et des magazines, et j'ai donné plusieurs cours sur le pouvoir et le mystère du tarot. Ensuite, j'ai créé ma gamme personnelle de *Tarot Sprays*, qui a débuté en 2011. Cette collection d'aérosols pour le corps et pour la maison m'a permis de fusionner le pouvoir des arcanes majeurs avec celui de l'aromathérapie. Bien que ces produits aient connu du succès, je nourrissais un autre objectif concernant mon exploration du tarot. Mon grand rêve était de créer des jeux de tarot et d'investir dans chaque carte toute mon âme, tout mon corps et tout mon esprit.

L'idée de ce jeu de tarot est née lors d'une consultation téléphonique avec Barbara Moore.

Le mariage de mes deux passions a été pour moi un pur bonheur, même s'il n'était pas facile de fusionner les énergies des cartes de tarot avec celles des animaux, car ces derniers ne partagent pas les mêmes préoccupations quotidiennes que les humains. Le défi consistait à garder intacte l'énergie de l'animal totem, tout en explorant ses messages à travers la structure du jeu de tarot Rider-Waite. Je savais dès le départ qu'il ne s'agirait pas seulement de dépeindre de simples portraits d'animaux ou des animaux dans des postures humaines. À la place, je voulais transmettre le plus authentiquement possible les messages provenant de mes deux passions, à savoir le tarot et les animaux.

Le résultat de ce grand défi se trouve maintenant entre vos mains.

En parcourant cet ouvrage, vous verrez qu'il est présenté un peu différemment des jeux de tarot traditionnels. J'y ai ajouté tout ce que j'aurais aimé trouver dans les autres ouvrages que j'ai consultés. Même si j'ai découvert d'excellents jeux de tarot, je voulais encore davantage. Ceci dit, il est possible que certains lecteurs veuillent poursuivre leur exploration du tarot au-delà de cet ouvrage. Mais la plupart trouveront que le contenu répond largement à leurs besoins, dès qu'ils entameront leur propre exploration des cartes et des animaux qui sont présentés dans ce jeu.

Commençons donc notre découverte, celle des univers qui se cachent ici même dans notre propre monde. Il s'agit d'une exploration qui vous enseignera comment puiser dans les énergies naturelles des créatures avec lesquelles nous partageons notre planète. Ce voyage permettra à votre âme de comprendre sa nature profonde et votre place dans le plan divin — tout cela dans la vision du tarot.

À vos marques, prêt, commencez !

Introduction

Dans ce livre, il ne s'agit pas seulement de découvrir des archétypes et des concepts intellectuels et spirituels, mais aussi de travailler avec l'énergie de créatures vivantes qui partagent un parcours physique à nos côtés. Même si ces animaux ont une raison d'être bien différente de la nôtre, ils nous apportent un soutien et des leçons qui nous montrent une façon unique de voir notre monde.

Ce guide vous prend par la main et vous accompagne à travers des univers parallèles dont vous n'avez jamais soupçonné l'existence, ou que vous n'avez peut-être jamais pris le temps de comprendre. En avançant dans la lecture, vous découvrirez les animaux et leur importance dans la vie quotidienne, mais aussi le rôle de l'énergie du tarot dans le parcours tant des humains que des animaux.

Dans le premier chapitre, nous explorerons le tarot lui-même en examinant tous les éléments qui composent le jeu. Vous y trouverez également de brèves notes sur les arcanes majeurs, une introduction aux familles royales, et un bref compte rendu sur les suites et les éléments des arcanes mineurs, sans oublier des instructions sur la façon de faire votre premier tirage.

Dans le deuxième chapitre, je vous présenterai les animaux totems, les animaux de pouvoir et les animaux guides. Nous verrons les différences entre ces énergies et leur importance dans notre vie quotidienne. Nous examinerons aussi ce que signifie la peur d'un animal et comment vous pouvez mettre cette crainte à profit afin de renforcer votre confiance. Vous trouverez aussi un petit guide de référence sur les animaux et les éléments auxquels ils appartiennent.

Au chapitre 3, vous allez vous familiariser avec chacune des cartes, découvrir l'interprétation de leurs significations et les utiliser pour faciliter la lecture de vos tirages. Le chapitre 4 vous préparera à commencer votre exploration des cartes afin de les utiliser pour la divination, les oracles et les pouvoirs que le tarot recèle. Au chapitre 5, vous découvrirez les principaux personnages de votre jeu : les arcanes majeurs. Le chapitre 6 est dédié aux familles royales (ou cartes de la Cour), et le chapitre 7 est consacré aux acteurs de soutien, c'est-à-dire les arcanes mineurs.

Enfin, nous arrivons au chapitre 8, où nous utiliserons trois tirages pour découvrir à la fois le tarot et l'énergie qu'un animal confère à chacune des cartes. Chacun de ces tirages vous permettra de travailler avec différents aspects du jeu afin d'approfondir vos connaissances du tarot et de sa structure, de même que votre lien avec les animaux et le rôle qu'ils sont susceptibles de jouer dans votre vie.

Chapitre 1

Le tarot pour les néophytes

Pour les personnes qui découvrent l'univers du tarot, voici une première approche de l'organisation de ce système de divination. Chaque jeu de tarot se compose de trois parties : 22 cartes des arcanes majeurs, 16 cartes de la Cour et 40 cartes des arcanes mineurs ou cartes numérotées. Chaque section du jeu joue un rôle important dans le cheminement de la lecture et chaque section peut être lue séparément ou comme un jeu entier. C'est pour cela que les trois différents tirages que je propose au chapitre 8 explorent séparément chacune de ces sections afin que vous puissiez commencer à comprendre toutes les parties essentielles de votre jeu.

Les cartes des arcanes majeurs vont de 0 à 21, en commençant par le Fou et en terminant par le Monde. On a dit que ces cartes reflètent le voyage de l'âme à travers le plan physique, en partant de l'innocence pour se terminer par la sagesse, nos expériences et les cicatrices de nos combats. Lors de notre exploration des arcanes majeurs, nous allons acquérir de nouvelles compétences à mesure que nous progresserons et nous relèverons de nouveaux défis, nous surmonterons nos peurs les plus profondes afin de renaître et de trouver finalement notre place dans l'univers. Vous pourriez passer des années à travailler avec ces 22 cartes afin d'explorer de nouveaux aspects de vous-même et où vous en êtes rendu dans le cheminement de votre âme.

Les cartes de la Cour, ou cartes royales, sont les plus proches des humains : elles représentent différents âges, rôles et statuts dans la société. Dans le système Rider-Waite (dont ce jeu est inspiré), vous trouverez des Rois, des Reines, des Cavaliers et des Valets. Les Valets symbolisent les personnages les plus innocents et enfantins des cartes de la Cour. Les Cavaliers représentent l'énergie des adolescents et des jeunes adultes. Les Reines sont associées à l'éducation et aux soins maternels, tandis que les Rois sont liés à l'autorité et à la responsabilité. Tout comme les arcanes mineurs, les cartes royales sont divisées en quatre suites ou éléments ; nous discuterons plus à fond de ces suites lorsque nous parlerons des cartes numérotées. Étant donné qu'il faudra un peu de temps pour se familiariser avec ce groupe hétéroclite de familles royales, j'ai inclus un tirage sur l'archétype au chapitre 8.

Les dernières cartes, mais pas les moindres, sont les arcanes mineurs, ou cartes numérotées. Elles montrent différentes scènes et images qui, à bien des égards, jouent un rôle de soutien aux 22 cartes des arcanes majeurs. Ces 40 cartes sont divisées en quatre suites, composées de 10 cartes chacune : Pentacles, Épées, Bâtons et Coupes. Chacune de ces suites est associée à un élément correspondant : les Pentacles sont gouvernés par la terre, les Épées par l'air, les Bâtons par le feu et les Coupes par l'eau.

Pour couronner le tout, chaque élément présente différents aspects du cheminement de l'âme dans son parcours terrestre. La terre traite de nos expériences sur le plan physique, y compris la santé. L'air se rapporte à notre état mental : notre intellect nous montre le rôle de nos pensées et de nos croyances dans un moment ou une situation donnée. Le feu est associé à l'action, au conflit et au mouvement, ou à leur absence. L'eau est reliée à nos émotions et aux différents aspects de notre moi émotionnel. Vous comprendrez mieux le rôle de ces éléments lorsque vous aurez fait le tirage au chapitre 8.

Aligner l'énergie du tarot sur celle des animaux

La création d'un jeu de tarot, qui était aligné sur l'énergie du règne animal, me semblait tout à fait logique. Cela ne veut pas dire que c'était facile pour autant. Comme je voulais que ce jeu se rapproche le plus possible de la structure du Rider-Waite, je devais faire très attention au positionnement des animaux sur chacune des cartes. Bien que les cartes de ce jeu montrent des scènes différentes du jeu d'origine, elles tirent parti de ses influences symboliques. Puisque je traite principalement de l'énergie de l'animal totem dans ce jeu, veuillez noter que je n'ai pas tenu compte de la signification des cartes à l'envers.

Toutefois, vous ne trouverez rien de trop éloigné du tarot d'origine. Les Pentacles sont clairement des pentacles ou deniers : des disques où est gravé un pentagramme. Les Bâtons sont des bâtons au bout desquels sont attachés des rubans rouges. Les Épées sont de longues épées médiévales avec le signe de l'air en relief sur le manche. Enfin, les Coupes sont visiblement des coupes, scintillantes et décorées de gemmes. Sur ces cartes, aucun nom n'a été modifié, vous pouvez donc prendre n'importe quel livre de tarot qui décrit le système Rider-Waite et être en mesure de l'appliquer à ces cartes. Il y a un seul ajout : les messages des animaux totems. Ces messages ne font que rehausser la guidance profonde du système Rider-Waite, vous offrant une double dose de sagesse et de soutien. Vous en connaîtrez davantage sur les animaux totems eux-mêmes dans le chapitre suivant.

Comment faire une lecture

Alors, vous voulez faire une lecture, mais vous ignorez par où commencer. Première chose, vous posez une question ou vous fixez un objectif pour ce tirage. Il n'existe pas de mauvaise question, stupide ou non pertinente pour les cartes. Toutes les questions sont bonnes, toutes les questions sont intelligentes et toutes sont importantes. Toutefois, une question vague, sans être ni fausse ni stupide, va engendrer une réponse vague. Les cartes adorent s'amuser, alors si elles ont l'impression que vous jouez avec elles, en retour, elles joueront avec vous.

Comment posez-vous une question ?

Je trouve que la meilleure façon d'aborder l'art de poser une question consiste à fixer d'abord un objectif pour un tirage. Ceci permet de régler correctement la vibration et le ton afin que les cartes et le Divin répondent de façon claire et limpide. Laissez-moi vous donner un exemple. Si vous souhaitez poser des questions sur vos finances, indiquez votre intention de recevoir uniquement les informations les plus utiles pour répondre à vos besoins financiers. Faites savoir aux cartes et aux esprits que c'est la seule information que vous autorisez dans cette lecture.

Maintenant, allez-y et écrivez quatre à cinq questions sur ce qui vous préoccupe sur le plan financier. Par exemple : Aurai-je les fonds nécessaires pour payer mes factures ce mois-ci ? Quel plan d'action dois-je prendre en ce qui concerne mon emploi actuel ? Y a-t-il de nouvelles occasions d'affaires à venir pour moi ? Y a-t-il quelque chose qui ne va pas avec mes rentrées d'argent que je n'ai pas vu ?

Commencez par poser votre première question

J'aime formuler mentalement ma question avant même de brasser les cartes. Je prends le paquet, je le tiens près de mon cœur et je vois la question dans mon esprit. Ce n'est que lorsque la question est bien énoncée et solidement fixée dans ma tête que je vais de l'avant et que je brasse le jeu. J'étale ensuite les cartes et je sélectionne ma carte ou mes cartes. Si vous êtes novice et que c'est la première fois que vous naviguez sur la toile divine, je vous suggère de ne tirer qu'une seule carte du jeu pour répondre à chacune de vos questions. Au fur et à mesure que vous apprendrez à mieux connaître vos cartes et à comprendre les histoires qu'elles racontent, il vous sera possible d'augmenter le nombre de cartes tirées en fonction de votre question.

Félicitations, vous venez de faire votre première lecture !

La toile divine est à la portée de tous, ce qui ne signifie pas que vous avez accès à toute l'information disponible. Si vous vous sentez bloqué chaque fois que vous manquez d'information — ce qui arrivera — vous devrez poser plus de questions. Ce problème survient surtout lorsque vous faites une lecture pour une autre personne. En d'autres termes, des informations qui ne vous concernent pas, y compris sur les membres de votre famille, votre conjoint ou conjointe. Si vous êtes bloqué dans cette situation, sachez simplement que cela ne vous regarde pas et passez à autre chose.

Chapitre 2

Les animaux de pouvoir, les animaux totems et les animaux guides

Commençons par définir les animaux de pouvoir, les animaux totems et les animaux guides, ainsi que l'importance des messages de ces guides particuliers. Que nous l'admettions ou non, nous ne sommes pas l'espèce dominante sur notre planète. Nous sommes sans doute les plus destructeurs, mais destruction ne signifie pas domination. Les animaux se comptent par milliards, mais nous en connaissons bien peu sur l'énergie de ceux avec qui nous partageons cette magnifique planète. Pourtant, ils assurent l'équilibre de la terre tout autant que nous.

De nombreuses cultures et tribus anciennes collaboraient jadis avec l'énergie des animaux, des animaux guides ou des dieux. Ces gens entraient en contact avec les esprits des animaux pour être guidés, soutenus et guéris. Cette connexion s'effectuait par la prière, le rituel, la transe, la méditation et la cérémonie. Ces humains honoraient et respectaient le pouvoir des animaux et leurs dieux, ils demandaient à travailler en harmonie avec les esprits des créatures avec lesquelles ils partageaient la nourriture et la terre. Ce besoin de connexion continue de nos jours, mais peu de gens comprennent pourquoi ce lien est si important dans leur vie quotidienne.

Les animaux et les visions d'animaux ont également été associés à des visites des ancêtres ou d'un être cher décédé.

Cette notion peut sembler sensée pour certains d'entre vous si les cartes des animaux les plus familiers apparaissent couramment dans vos lectures. La capacité d'associer un animal à un être cher constitue un moment sacré de dialogue entre les différents mondes, et les animaux totems sont plus qu'heureux de faciliter cet événement pour tous ceux qui en ont besoin. Il peut aussi s'agir d'expériences associées à des rencontres avec des dieux, des déesses, des anges et des maîtres ascensionnés.

J'aimerais aussi souligner qu'en utilisant ce jeu, vos rencontres avec les animaux ne seront pas aléatoires. Car si un animal apparaît dans les cartes, de même que dans votre vie quotidienne, cette apparition signifie que cet animal et son message essaient vraiment d'attirer votre attention. Travailler avec l'énergie d'un animal n'est qu'une question de conscience et d'humilité. Lorsque ces guides surgissent dans nos vies, il faut savoir qu'ils ont des choses à nous enseigner et qu'ils le font par différents moyens. Pour ce faire, il faut mettre son ego de côté et accepter humblement leur aide — et ceci est un don que vous pouvez vous entraîner à intégrer dans tous les aspects de votre vie quotidienne.

Mais que signifie exactement un animal guide, un animal totem ou un animal de pouvoir ? Existe-t-il une différence entre ces termes ? Au fil des ans, j'ai remarqué qu'il est plus facile pour les gens d'examiner les différents rôles que les animaux jouent dans leur vie en les divisant en trois catégories : les animaux de pouvoir, les animaux guides/totems et les archétypes d'animaux. Je devrais également souligner qu'il s'agit de catégories que j'ai développées pour mon usage personnel et pour l'enseignement, donc ne vous inquiétez pas si elles semblent différer légèrement d'autres définitions que vous avez pu rencontrer.

Jetons un coup d'œil à ces catégories et voyons la façon dont vous pouvez les utiliser par rapport au tarot.

Les animaux de pouvoir

Un animal de pouvoir est un animal qui fait son apparition à un certain moment dans le but de guérir, de dynamiser ou de livrer un message particulier. Il peut apparaître sous la forme de cartes oracles ou de tarot ou se manifester physiquement dans votre environnement. Cependant, il ne restera pas lorsque vous aurez reçu le présent ou le bienfait qu'il est venu vous offrir. Il faut donc prêter une attention toute particulière si vous continuez à piger la même carte à répétition, car cela signifie que le message de cet animal et l'énergie du tarot ont une grande importance pour vous à ce moment-là. Souvenez-vous, un présent de l'esprit n'est destiné qu'à vous, donc il continuera à apparaître jusqu'à ce que vous soyez prêt à le recevoir.

Les animaux guides/totems

Un animal guide ou totem est un animal qui vous accompagne tout au long de votre vie. Il s'agit d'un animal dont vous êtes proche et avec lequel vous travaillez régulièrement, tout en changeant de rôle maître-élève, tandis que vous vous transformez et grandissez ensemble. Cet animal joue souvent le rôle de mentor, de compagnon, de partenaire, de protecteur et d'ami. Lorsque cet animal fait son apparition dans un tirage, sachez que c'est le signe d'une leçon importante, ou que vous devez être à l'affût de quelque chose qui vous a échappé, ou que vous avez peut-être besoin de protection.

Les archétypes des animaux

L'archétype d'un animal est celui qui nous habite. Il représente nos peurs, nos doutes, nos triomphes et nos forces. Il nous éveille aux aspects verrouillés de notre psyché. Il est un symbole de notre moi intérieur. Ces archétypes d'animaux entrent en contact avec nous lorsque nous dormons ou méditons afin de nous aider dans notre croissance spirituelle, tout comme les archétypes du tarot. À cet égard, dans vos lectures, il faut travailler tant avec les archétypes des animaux que ceux du tarot afin de détecter quelle part en vous recherche la guérison et la croissance, ou laquelle doit être entendue. Le travail sur les archétypes est un outil puissant pour découvrir tous les aspects de notre être et comment nous passons constamment du monde physique au monde émotionnel.

Pour vous aider à mieux comprendre ces catégories, je vous ai proposé quelques tirages, que vous trouverez au chapitre 8, dans le but de vous aider à travailler avec ce jeu de cartes incroyablement puissant et multidimensionnel. Je vous encourage à faire l'essai de ces tirages au moins une fois, même si vous avez travaillé avec l'énergie des animaux pendant un certain temps. J'ai passé beaucoup de temps à trouver des moyens de mieux comprendre et de mieux entrer en contact avec ces guides étonnants, et j'aimerais que vous exploriez votre relation avec les cartes et les animaux à un niveau beaucoup plus profond, que vous soyez novice ou spécialiste dans le domaine des animaux guides.

Les énergies élémentaires

Tout comme les suites du tarot, nos animaux sont associés à l'un des quatre éléments : la terre, l'air, le feu et l'eau. Et même si j'ai fait de mon mieux pour trouver le meilleur alignement entre l'élément de l'animal et celui de la suite, ça ne correspondait pas toujours exactement. Cela signifie que vous pouvez trouver plus d'une énergie élémentaire en jeu dans les cartes elles-mêmes. Ce n'est pas mauvais en soi, car il arrive souvent que les éléments doivent travailler main dans la main pour créer un sens l'un par rapport à l'autre.

Pour vous aider à comprendre les éléments qui se rapportent à vos animaux, j'ai préparé un petit glossaire avec lequel vous pourrez travailler en découvrant les cartes.

Les animaux associés au feu ont tendance à afficher de l'ambition et de l'enthousiasme. Ils annoncent la renaissance, la régénération, la créativité, l'illumination et la passion. Cette association est évidente si l'on pense aux mythes et aux légendes entourant le phénix. Ils peuvent aussi signifier la mort, la destruction, la colère, le chaos ou l'énergie incontrôlable. Les animaux liés à l'élément du feu nous indiquent le moment propice pour agir, ou de ne pas agir, mais aussi comment aller de l'avant.

Les animaux associés à l'eau traitent de notre côté émotionnel. L'eau peut être utilisée pour guérir, purifier, nettoyer et éliminer les blocages, mais elle peut aussi être stagnante, polluée, bouchée, voire asséchée. Les animaux liés à l'eau cherchent à nous montrer comment reprendre le cours de notre vie, comment utiliser sagement nos émotions et ne pas en abuser, et comment naviguer avec aisance lorsque les eaux sont troubles et chaotiques.

Les animaux associés à l'élément de l'air nous aident à établir un contact avec notre moi supérieur à travers nos pensées, nos méditations, nos rêves et notre subconscient. Ces animaux sont les gardiens des autres royaumes et ils ont la capacité d'agir comme des messagers de l'inspiration divine. Mais ils peuvent aussi être fuyants et dispersés, et se laisser dominer par la direction des vents. Ces animaux nous apprennent à demeurer concentrés, à libérer notre esprit, et à nous ouvrir à la magie de l'inconnu.

Quant aux animaux de la terre, ils nous remettent les pieds bien sur terre, mais ils nous indiquent aussi le chemin pour trouver nos ressources terrestres. Ils assurent notre ancrage sur le plan physique. Ces animaux nous montrent un côté plus pratique à nos problèmes ou questions. Ils peuvent également symboliser les blocages et l'immobilité. Les animaux liés à la terre nous enseignent comment maintenir notre force, construire des structures solides et nous protéger du monde qui nous entoure.

Les animaux que nous craignons

Il est important d'aborder brièvement les animaux que nous craignons. Tout comme nous préférerions ne pas tirer certaines cartes du jeu de tarot, il existe des animaux que nous aimerions éviter. Pourtant, tout comme les cartes dont nous nous méfions, ces animaux nous transmettent des leçons et des conseils très importants pour nous. Vos peurs sont les clés de vos points de résistance, qui à leur tour détiennent les clés de ce que vous devez justement faire pour évoluer et grandir.

Laissez-moi vous donner un exemple. Bien que les serpents me terrifient littéralement, ils incarnent un besoin de se débarrasser des anciennes façons de faire, d'être et de penser. Les serpents nous demandent d'accéder à notre propre pouvoir en abandonnant ce qui ne nous sert plus. Ils nous disent en termes clairs que là où nous sommes rendus, nous avons atteint un plafond, et que cela nous plaise ou non, il est temps de passer à autre chose.

Comme tout le monde, j'ai mes petites habitudes et je n'aime pas renoncer aux choses bien établies. Une fois que je m'y sens à l'aise, j'ai du mal à m'en éloigner. Mais ce n'est pas en restant dans notre zone de confort que nous grandissons ; nous devons errer dans la zone de l'inconfort afin de devenir qui nous voulons être.

Lorsque le serpent se présente à moi, ce qui arrive à peu près tous les sept ans, il réapparaît encore jusqu'à ce que je passe à autre chose et que je lâche prise. Je dois avouer que ces apparitions ne m'ont pas du tout aidée à me débarrasser de ma peur du serpent. En fait, je le crains encore plus. Mais je sais qu'il s'agit d'un puissant message pour moi. Je sais aussi, que je le veuille ou non, qu'il est temps pour moi de me défaire de ma vieille peau et de la remplacer par une nouvelle. Alors, quand vous utilisez ce jeu, soyez attentif lorsqu'un animal que vous craignez fait son apparition dans une lecture, car c'est lui qui détient le message le plus important pour vous.

Chapitre 3

La structure du jeu

Dans la préface de ce guide, je précise que certains aspects du tarot sont organisés de manière différente dans ce livre. Voici le mode d'emploi de ce système que j'ai mis en place pour vous. Lorsque vous lisez les définitions et les significations d'une carte, vous remarquerez qu'elles sont divisées en trois sections distinctes.

La première est un message transmis par l'animal lui-même. Ensuite, vous trouverez la section principale, qui est un mélange entre la science liée à un animal et l'énergie spirituelle de ce dernier. Il s'agit d'une partie importante pour mieux comprendre nos animaux guides et nos animaux totems, de même que la signification de la carte de tarot elle-même.

Les deux sections suivantes sont celles que j'aurais aimé trouver dans d'autres jeux de tarot. Si vous êtes comme moi, vous n'avez parfois pas le temps de lire intégralement tous les mots-clés de la carte pour savoir s'ils se rapportent à votre question. Et parfois, il peut même être difficile de voir comment la signification d'une carte répond à votre question.

La structure de mon jeu devrait aider la plupart d'entre vous, surtout si vous êtes novice dans le tarot. L'expérience m'a montré que les gens étaient surtout préoccupés par trois thèmes principaux, à savoir : l'argent, l'amour et la santé. J'offre donc de brèves significations pour ces trois domaines importants que j'ai nommés : affaires et carrière, famille et relations, santé et bien-être. N'oubliez pas que ces résumés ne sont que des suggestions et ne constituent pas la seule façon d'interpréter les cartes ou les animaux.

La dernière section concerne ceux qui font quotidiennement un tirage à une carte. Vous trouverez trois questions pour approfondir les nombreux aspects de la carte, la façon dont elle s'intègre dans votre situation actuelle, ou encore le ton qu'elle donnera à la journée qui commence. Si vous débutez dans le tarot, je vous suggère de vous concentrer d'abord sur le message de la carte, pour en saisir ses différentes significations, et comment elles sont en relation avec vous. Si vous êtes un vétéran du tarot, utilisez ces messages pour approfondir votre relation avec les énergies archétypales qui se présentent à vous ce jour-là, qu'il s'agisse de l'animal ou de la carte elle-même.

J'ai conçu ainsi la structure de mon jeu pour différentes raisons. Vous pourrez utiliser tous les aspects d'une carte et explorer toutes les couches que recèlent la carte et l'animal. Ou bien vous pourrez simplement vous concentrer sur le message de l'animal lui-même et utiliser le jeu comme un oracle. Vous pourrez aussi faire une lecture rapide basée sur l'objectif de votre question en vous concentrant uniquement sur la section qui la concerne : argent, amour ou santé. Enfin, vous pourrez utiliser les cartes pour votre développement personnel en rédigeant un journal personnel.

Comme je l'ai dit, j'ai créé ce jeu avec ce que j'ai toujours souhaité trouver dans un manuel de tarot. J'aime avoir plusieurs choix et j'ai peut-être plus de temps que d'autres pour les explorer.

Chapitre 4

Avant de commencer

Avant d'explorer les cartes elles-mêmes, il est important de dire quelques mots sur le tarot, la bonne aventure et la sagesse de l'oracle. Chaque personne consulte les cartes pour différentes raisons. Certaines veulent des réponses rapides à des problèmes complexes, d'autres le font pour leur croissance personnelle, et d'autres encore cherchent un aperçu de ce que leur réserve l'avenir. Même si les cartes peuvent répondre à tous ces objectifs, il est important de vous rappeler que rien dans votre vie n'est gravé dans la pierre. Ce qui apparaît dans chacun de vos tirages n'est qu'une possibilité qui mène à d'autres conséquences ou actions potentielles.

Il est essentiel que vous compreniez que tout est possible à chaque moment de votre vie, mais que c'est vous qui créez les conséquences grâce à vos pensées, vos sentiments, vos actions et vos croyances. La sagesse de l'oracle a pour objectif de vous montrer ce que vous ressentez, ce que vous pensez, et le déploiement éventuel de vos actions si vous continuez à vous accrocher à ces pensées et à ces sentiments.

Tous les jeux de tarot incluent la carte de la Roue de Fortune, car lorsque la roue tourne, nous ne savons jamais exactement ce que nous allons trouver. Tout ce que nous savons à coup sûr, c'est qu'elle tournera, encore et encore. Quelque part dans le temps et l'espace, le destin et le libre arbitre se croisent en un assemblage inspirant de réponses multiples à une question.

La chose est encore plus évidente lorsque vous êtes à la recherche d'indices sur votre avenir. Certains éléments seront inévitables dans le cadre de votre cheminement karmique, mais beaucoup seront fluctuants. Une signification peut changer, s'interpréter, faire un virage, se transformer. Notre seule certitude, c'est que le futur se crée fortement dans l'instant, celui que vous vivez en ce moment, et chaque instant par la suite. Les cartes vous permettent parfois d'avoir un aperçu de certains de ces moments. Mais votre histoire est loin d'être terminée, et il reste encore beaucoup de pages à écrire.

Dans ce jeu, les cartes pourront vous aider à découvrir comment vous remplirez ces pages, en explorant les profondeurs de votre être et en vous guidant lorsque vous croyez que les choses ne sont pas aussi claires qu'elles pourraient l'être. Mais à la fin, toutes les décisions vous reviennent, ce qui signifie que la responsabilité de votre avenir est exclusivement entre vos mains. Alors allez-y, prenez vos cartes, gardez-les entre vos mains, et formulez clairement quel genre de vie vous désirez. Ensuite, laissez les cartes vous montrer comment il vous est possible de créer cette vie.

La magie et l'émerveillement du tarot vous appartiennent maintenant. Amusez-vous, jouez, explorez, développez-vous, mais surtout, faites des choix judicieux.

Chapitre 5

Les arcanes majeurs

Les 22 cartes que nous allons découvrir maintenant représentent l'énergie la plus élevée du jeu. Elles incarnent le lien le plus direct avec le souffle divin. On dit que les messages de ces cartes proviennent directement de l'esprit et jouent le rôle le plus important dans votre cheminement karmique. Alors, lorsqu'une carte des arcanes majeurs se présente dans un tirage, prêtez-y attention, car l'esprit veut vous apprendre quelque chose d'important à propos de votre situation en relation avec votre cycle karmique.

0 ♦ Le Fou/Sauterelle

« Il y a quelque chose de libérateur dans le fait de ne pas connaître exactement le déroulement des choses. L'odeur d'une toute nouvelle aventure chatouille le bout de mes antennes. Elle me fait frissonner et avant que j'aie le temps de m'en rendre compte, je me retourne et j'atterris dans sa direction. Au fur et à mesure que sa vibration s'intensifie, je fais encore plus confiance à ma boussole intérieure jusqu'à ce qui m'était autrefois inconnu devienne enfin connu. »

— Message de la Sauterelle

On dit souvent que la sauterelle a beaucoup à apprendre. La sauterelle, semble-t-il, est toujours l'élève, jamais le maître, un peu comme le Fou est généralement considéré. Le Fou est l'innocent qui commence son voyage, avec beaucoup d'enthousiasme, mais pas grand-chose d'autre. Pourtant, la sauterelle et le Fou semblent être guidés par une force plus puissante. Que vous lui attribuiez le nom de dieu, déesse, univers ou esprit, cette force permet au Fou de faire un acte de foi considérable avec rien d'autre pour continuer que sa capacité à détecter la bonne direction. Bien que connue pour ses capacités à effectuer des sauts, la sauterelle est dotée d'une habileté beaucoup plus impressionnante : son sens de l'odorat. La sauterelle se sert de ses antennes comme d'un dispositif qui combine à la fois l'odorat et le toucher. Pendant que la sauterelle saute d'un endroit à l'autre, elle vérifie constamment les conditions de son environnement au moyen de ses antennes. Cela signifie que, tout comme le Fou, la sauterelle bondit et regarde autour d'elle pour trouver le prochain endroit où atterrir, en fonction de l'environnement et des odeurs. Littéralement, elle surfe sur la bonne vibration !

Affaires et carrière

Faire des affaires consiste à courir des risques. Ceux qui sont trop prudents et ne prennent jamais de risques ne voient jamais leurs affaires s'épanouir. Mais le Fou va bien au-delà : il ne se contente pas de courir un risque, il saute à pieds joints, il s'engage, en se basant sur son instinct. Il est donc temps pour vous de faire confiance à votre intuition. Quel est votre sentiment concernant la prochaine étape à franchir ? Faites-vous confiance et sautez à pieds joints. Ne regardez pas en arrière !

Famille et relations

Les relations sont risquées en ce moment. Avec les gens, rien n'est jamais garanti et si vous nourrissez des attentes, vous risquez d'être déçu. Le Fou vous demande d'examiner attentivement vos engagements relationnels actuels, car s'ils ne sont pas en phase avec votre moi véritable, c'est vous qui êtes peut-être la source du problème.

Santé et bien-être

Y a-t-il quelque chose de nouveau que vous aimeriez apprendre ou un nouvel endroit que vous aimeriez explorer ? C'est le bon moment pour développer de nouvelles compétences ou voyager dans un nouveau lieu.

Exploitez le pouvoir de la sauterelle afin de faire un acte de foi et de vous ouvrir à de nouveaux horizons.

Questions de la carte du jour

- Quel aspect de votre vie aimeriez-vous changé, mais sans vous décider parce que vous craignez de paraître stupide ?
- Que signifie pour vous suivre votre intuition ?
- Si vous pouviez faire, être ou avoir quelque chose en ce moment, de quoi s'agirait-il ?

I ♦ Le Magicien/Renard

« Chaque fois que vous avez l'impression de ne rien voir devant vous, regardez à nouveau. Il faut déployer votre conscience au-delà de ce que vous pouvez voir, sentir et toucher. Cessez de parler et écoutez. Il existe un flot d'abondance qui traverse toute personne et toute chose. Mais il faut parfois vous arrêter pour vraiment exploiter la magie de ce qui vous entoure. »

— Message du Renard

Peu importe ce à quoi ressemble le monde extérieur, le renard et le Magicien savent que le monde dans lequel ils vivent a davantage à offrir que ce que l'œil physique est en mesure de voir. Dans les forêts en plein hiver, il semble y avoir très peu de nourriture, car tout est recouvert de neige. C'est donc ce qui est invisible qui va nourrir le renard affamé. En se fiant à son flair aiguisé, il peut entendre les mouvements enfouis sous le manteau de neige et rapidement, sauter avec suffisamment de force pour pouvoir attraper un bon morceau fraîchement sorti de la neige profonde et compacte. Le Magicien raffine toujours ses outils et les dons qu'il possède. Il sait à quel point il est important de peaufiner sa magie. Car tout comme le renard, le Magicien sait que la véritable magie s'effectue dans l'invisible, un peu comme lorsque l'on tire un lapin d'un chapeau.

Affaires et carrière

Le renard est un rappel qu'il faut savoir parfois garder les choses simples. Nous sommes facilement aveuglés par de nouvelles marques de commercialisation tape-à-l'œil et nous savons tous que les médias sociaux peuvent constituer un véritable piège pour les propriétaires d'entreprise inexpérimentés. Mais sachez ceci : ce dont vous disposez actuellement est suffisant pour créer de la magie dans vos affaires dès maintenant.

Famille et relations

La véritable leçon que nous donne le renard, c'est de cesser de parler. Vous ne pouvez pas résoudre vos problèmes en faisant du bruit. En ce moment, vous devez être calme et attentif. Écoutez avec chaque fibre de votre être, pas seulement avec vos oreilles. Entendez vraiment les paroles de ceux qui vous entourent. Sentez-les alors qu'ils vous parlent et laissez ces sons vibrer dans tout votre corps. Alors, et seulement alors, serez-vous vraiment en mesure de savoir ce qui vous est demandé.

Santé et bien-être

Le Magicien se consacre entièrement à créer de la magie, et maintenant vous devez creuser en profondeur et créer votre propre magie. Le moment est propice pour tirer votre lapin d'un chapeau. Vous savez aussi très bien comment y arriver, mais vous avez remis la chose à plus tard, espérant que quelqu'un d'autre vous sauverait. Cela n'arrivera pas et le renard vous rappelle que vous êtes tout ce que vous possédez.

Questions de la carte du jour

- Quels dons devez-vous développer afin d'affiner vos sens ?
- Comment suivez-vous l'évolution des objectifs qui se sont magiquement manifestés ?
- Que feriez-vous si vous aviez une baguette magique ?

II • La Grande Prêtresse/Veuve noire

« Il est si facile de permettre à ceux qui vous entourent de raconter votre histoire à votre place. De vous dépouiller de votre pouvoir divin et de vous enfermer dans des étiquettes et des croyances limitatives de ce que vous devriez être. Mais il est beaucoup plus difficile de vous créer à travers le prisme de votre propre vision divine, afin d'être vraiment vous-même, tant à l'intérieur qu'à l'extérieur, sans honte ni culpabilité. Je ne me soucie pas de ce que les autres croient savoir de moi. Ils s'adonneront à des commérages quoi que je fasse. Mais je sais qui je suis, et chaque jour, j'honore mon moi divin en étant fidèle à ma vision de ce que je suis vraiment. »

— Message de la Veuve noire

Comment la veuve noire, une créature aussi minuscule et timide, a-t-elle pu créer l'un des plus grands archétypes, aussi bien sur le grand écran que dans la vie : la femme fatale héroïne du film noir ? Ce petit animal nocturne sans prétention préfère le silence et la solitude à la lumière des projecteurs, mais à bien des égards, le récit de son histoire a pris plus d'importance que sa propre vie. Tout comme la Grande Prêtresse qu'elle représente dans ce jeu, la veuve noire a transcendé les limites des frontières, des étiquettes et des restrictions créées par l'humain. Elle a un pied posé dans le monde matériel et un autre dans le monde du divin. Elle est autosuffisante et n'a pas besoin d'accolades. Elle est à maints égards une recluse, qui dissimule sa personne et sa magie loin des yeux d'autrui. Elle préfère l'obscurité de la nuit et la lumière de la lune. Ici, dans le paisible paysage nocturne, elle se sent en sécurité, car le seul moment où elle se révélera, c'est sous le couvert de l'obscurité.

Comme il est merveilleux de constater qu'elle ignore totalement les potins qui l'entourent ! Elle ne connaît que le récit qu'elle crée chaque nuit dans sa toile. Les murmures de nos histoires ne l'atteignent pas du tout. Sa détermination la pousse à créer et à puiser dans sa propre divinité, l'incite à faire et à être exactement ce pourquoi elle a été créée. C'est la leçon commune de la veuve noire et de la Grande Prêtresse. Apprenez à transcender l'idée d'une histoire unique et concentrez-vous plutôt sur ce que vous avez créé physiquement pour vous-même. Laissez cette histoire être la toile qui attire l'attention des autres et ne vous inquiétez pas de leur interprétation. Vous êtes vous-même, alors exprimez-vous, peu importe votre choix. Faites-le en sachant que le divin en vous est plus important que le récit insignifiant que pourraient imaginer ceux qui vous entourent.

Affaires et carrière

Il est facile de vous cacher derrière votre marque de commerce et de l'utiliser comme une fausse identité. Mais ne vaudrait-il pas mieux être en harmonie avec votre être véritable et avec ce que vous croyez ? Si l'objectif de votre entreprise est de servir, alors la seule façon d'y arriver est de permettre à la part divine en vous d'honorer celle de vos clients. Il est maintenant temps de cesser de vous dissimuler derrière votre marque et d'être authentique.

Famille et relations

Nos familles excellent dans l'art de nous enseigner comment nous devrions mener notre vie. Pourtant, pour être honnête, cela ne les regarde pas. Vous êtes vous-même, et vous habitez ce corps physique pour être vous. Donc qui êtes-vous ? La Grande Prêtresse vous demande de vous dépouiller de toutes les étiquettes qui vous ont été attribuées, y compris celles que vous vous êtes données, et de voir ce qu'il en reste. Regardez bien, car c'est vraiment ce que vous êtes.

Santé et bien-être

La veuve noire tisse les toiles les plus fascinantes. Elle est avant tout une artiste très talentueuse. Chaque nuit, elle peaufine son art en créant une autre toile. Elle développe et affine constamment son talent. Quelle compétence devriez-vous affiner en ce moment, et comment une pratique régulière de celle-ci vous aidera à atteindre vos objectifs de santé et de mieux-être ?

Questions de la carte du jour

- Aimez-vous que l'on vous définisse comme une personne forte, capable et autosuffisante ?
- À quelle fréquence les autres vous disent-ils qui vous devriez être ?
- Comment honorez-vous le divin en vous ?

III • L'Impératrice/Vache

« Sur le chemin vers la naissance, il se passe quelque chose d'extraordinaire : la création. C'est l'acte de création qui réunit la magie de l'univers et la puissance de l'esprit. C'est grâce au processus de la création que l'âme s'exprime sans encombre. Pourtant, tout le monde paraît plus impressionné par le départ final. Comme c'est amusant de voir que la fin semble être un des rares moments de la vie qui mérite une célébration. Regardez-moi profondément dans les yeux et laissez-moi vous montrer comment puiser dans la véritable magie que vous avez en vous. Venez, allongez-vous sur l'herbe parmi les fleurs sauvages et laissez-moi vous montrer à quoi ressemble l'amour créatif. »

— Message de la Vache

La vache a longtemps été un symbole de l'énergie féminine divine. Son lait est utilisé pour nourrir non seulement ses propres petits, mais aussi ceux de beaucoup d'autres espèces, y compris nos bébés. L'Impératrice est par essence l'incarnation de la mère divine, qui donne toujours l'amour et la vie, nourrissant toutes ses créations et leur procurant la nourriture qui leur est nécessaire pour grandir. Dans cette carte, nous voyons une belle vache écossaise des Highlands. Comme dans de nombreux archétypes de l'Impératrice avant elle, sa grossesse représente de vastes possibilités liées à l'attente de la naissance. L'Impératrice est le vaisseau d'où jaillissent de grandes choses.

Tout au long de l'histoire, elle a porté les lignées de la famille impériale régnante. Aujourd'hui, elle porte la lignée de tout ce qui peut se manifester sous une forme physique. Qu'il s'agisse d'une idée, d'un rêve ou d'un but qui fait son chemin dans le monde physique, l'Impératrice est là pour vous guider à travers toutes les étapes.

Affaires et carrière

L'Impératrice ne partage avec nous sa magie que pendant la période de grossesse, comme si ce qu'elle crée devait être dissimulé pour le moment. La vache souhaite que vous ne pensiez pas à ce qui finira par naître. Elle veut juste que vous vous concentriez sur l'endroit où vous vous trouvez maintenant. Elle veut que vous profitiez de cette étape de création et que vous vous délectiez de l'énergie que recèle l'attente.

Famille et relations

L'Impératrice est la carte de l'amour ; associée à la planète Vénus, elle annonce l'amour, une idylle ou peut-être une nouvelle vie. Mais n'oubliez pas qu'elle est un symbole de ce qui est possible, pas de ce qui sera réellement. Rien sur cette carte n'est gravé dans la pierre, elle vous permet simplement de savoir ce qu'il vous est possible de créer dans votre situation. Donc, si c'est l'amour que vous désirez, créez-le. Si c'est une nouvelle vie que vous cherchez, créez-la. Sous le pouvoir de Vénus, les possibilités sont infinies.

Santé et bien-être

La vache vous demande d'examiner comment vous nourrissez votre corps, votre esprit et votre âme. Quels aliments votre corps ingère-t-il ? Quelles pensées ressassez-vous continuellement dans votre esprit ? Et accordez-vous à votre âme l'espace dont elle a besoin pour s'exprimer ? La nourriture ne concerne pas seulement le corps ; il faut donc ingérer tout ce qui est nécessaire pour assurer une croissance saine et forte.

Questions de la carte du jour

- Comment pouvez-vous stimuler votre intérêt sur ce qui se passe, même si pour le moment, vous ne pouvez pas le voir ?
- Où pouvez-vous répandre plus d'amour inconditionnel dans votre vie ?
- Qu'êtes-vous en train de créer qui devrait rester caché aux yeux du public en ce moment ?

IV ♦ L'Empereur/Gorille

« Chacun dit qu'il aimerait être un dirigeant, mais je me demande combien de personnes dureraient une journée dans mon monde. Il semble que la plupart veulent partager uniquement la richesse, mais pas ce qu'il faut pour l'acquérir et la conserver. Mon travail, la responsabilité de tout chef, est de penser à tous les aspects de l'abondance, pas seulement à une part minime sur laquelle tant d'autres se concentrent. Il s'agit d'un don particulier qui nous permet de conserver, d'honorer et de protéger ce que nous possédons. Mais ce n'est pas un don à la mode qu'on peut afficher fièrement. Il ne peut pas non plus s'apprendre du jour au lendemain. Non, si vous voulez prendre ma place, vous devrez vous salir les mains et y investir des heures longues et difficiles. Voulez-vous toujours être un dirigeant ? »

— Message du Gorille

La responsabilité d'un dirigeant ne doit pas être prise à la légère. Il peut sembler que notre gorille, à dos argenté, est au sommet du monde, sans aucun besoin ou inquiétude, mais les apparences peuvent être trompeuses. La provision de nourriture qui se trouve à côté de notre chef intrépide n'est pas pour lui seul, mais pour tous ceux qui sont sous sa garde. Il est responsable de s'assurer que son groupe demeure sain et fort. Mais ceci n'est qu'une parmi les préoccupations quotidiennes de l'Empereur. Ce mâle doit être constamment à l'affût d'envahisseurs, de braconniers ou d'autres mâles qui voudraient ravir sa position.

Être au sommet de la montagne, pour ainsi dire, n'est pas aussi facile qu'il y paraît. Le gorille représente une énergie totémique forte et une telle force implique une grande responsabilité, tout comme celle de l'Empereur. Le gorille ne connaît que trop bien sa force brute et il ne craint pas de l'utiliser si la situation l'exige. Mais on ne pas peut passer sa vie à intimider les gens, car la peur ne fait qu'engendrer l'intimidation et de piètres résultats. La clé du leadership consiste à montrer sa force sous toutes ses formes : compassion, préoccupation, respect et savoir quand et où agir. Le gorille sait que dans son rôle, il n'y a pas de place pour la complaisance.

Affaires et carrière

En affaires, nous entendons continuellement dire que pour réussir, il faut être un chef de file dans le domaine. Mais quelle sorte de dirigeant doit-on être exactement ? Bien sûr, vous devez être considéré comme un expert dans votre domaine, mais vous êtes aussi beaucoup plus. N'oubliez pas que votre premier contact avec un client est celui sur lequel il fondera son opinion. Alors pour diriger, servez-vous de vos oreilles et non de votre bouche. Écoutez, créez un lien, et montrez-lui à quoi ressemble un vrai dirigeant.

Famille et relations

Être responsable d'une famille peut s'avérer difficile. Peu importe votre âge, le fait d'être un gardien de la paix, un planificateur, un comptable ou un directeur régional de votre communauté est une tâche ardue. Mais vous n'avez pas à le faire seul. L'Empereur ne règne pas par lui-même. Il a une équipe qui le soutient et il s'attend à ce que chacun fasse sa part. À vous d'en faire autant. Assurez-vous que chaque membre de votre famille puisse faire valoir ses forces, ainsi vous aurez une famille heureuse, saine et stable.

Santé et bien-être

Le gorille se tient seul sur la carte. Il consacre du temps à la contemplation. Un moment pour faire le vide avant d'affronter la prochaine tâche. Mais pour l'instant, il est seul. Ne pas parler, ne pas manger, sans personne pour l'épauler. Mais un leader sait à quel point le temps est important. Il remet son esprit en marche tout en évitant que son corps soit envahi. Vous auriez grand intérêt à l'imiter.

Questions de la carte du jour

- Que signifie être un leader ?
- Comment tenir votre ego à distance tout en aidant ceux qui vous entourent ?
- Quelles sont vos talents qui pourraient aider votre communauté ?

V ♦ L'Hiérophante/Ours polaire

« Le monde dans lequel je vis change rapidement. Il n'est plus aussi sûr et aussi fiable qu'autrefois. Je suis entouré par les signes de ce changement impossible à stopper. Mais malgré tout, je dois avoir la foi. Il me faut croire qu'il existe un plan plus vaste que je ne peux pas voir. Je dois croire que je joue le rôle pour lequel j'ai été créé, en ce moment, à cet instant précis. Il n'est pas nécessaire que tout cela ait un sens au plan intellectuel, j'ai simplement besoin de croire, comme mes ancêtres l'ont fait avant moi. Je crois fermement que je suis ce que j'ai toujours voulu être, que je fais ce que j'étais destiné à faire, au bon endroit, au bon moment. Et c'est aussi votre cas. »

— Message de l'Ours polaire

L'Hiérophante représente le rôle que joue la foi dans notre vie quotidienne. Il est un symbole des lois et des traditions qui régissent la foi. La foi elle-même est un concept intéressant : nous avons tendance à associer la foi à la religion, alors qu'en réalité la foi et la religion n'ont pas besoin l'une de l'autre pour exister. Bien avant la création des religions, la foi faisait partie de l'expérience humaine. La question se résume donc à ceci : la religion a-t-elle colonisé la foi et l'a-t-elle séparée de l'essence de notre être, ou la religion a-t-elle insufflé une nouvelle vie dans notre expérience quotidienne de la foi ? Ces questions sur la foi ne sont pas faciles à résoudre et elles ne doivent pas l'être, car elles sont personnelles et sont enfouies au plus profond de notre conception personnelle de notre divinité. L'ours polaire est considéré comme celui qui garde saines et sauves les connaissances et les traditions ancestrales. Il est le médiateur entre les ancêtres et nous-mêmes, ancré dans ce rôle de gardien du savoir-être et du savoir-faire. Contrairement aux humains, qui ont besoin de livres pour conserver et stocker la sagesse ou les lois, l'ours polaire a pour bibliothèque un lieu, l'espace dans lequel il naît et l'espace dans lequel il va mourir. Le monde ou l'environnement dans lequel il vit raconte les histoires de ceux qui s'y sont rendus auparavant, et donne des indices et des messages sur ce qui va venir. Contrairement à la plupart des humains, l'ours polaire a besoin de ce lien profond avec un lieu, comme faisant partie de sa foi. Car il sait que lorsqu'il est connecté à tout ce qui est en lui et autour de lui, alors son pouvoir prend toute sa force. Toute foi se termine et commence dans la solidité de nos croyances. L'ours polaire lève les yeux au ciel pour se souvenir de tout ce qui est, était et sera, et il reconnaît son rôle de gardien et de médiateur dans un monde en constante évolution.

Affaires et carrière

Avez-vous confiance en votre capacité à réaliser votre vision ? L'ours polaire veut que vous vous joigniez à tous ceux qui ont réussi l'impossible. Il veut que vous sachiez que même si vous ne l'avez jamais fait jusqu'à présent, rien n'empêche que vous y arriviez cette fois-ci. Souvenez-vous que les plus grandes réalisations du passé ont souvent commencé par un échec. Gardez la tête haute, défendez votre vision et croyez de toutes vos forces que vous pouvez y arriver !

Famille et relations

Avez-vous foi en ceux qui vous entourent ? Le manque de confiance dans les autres a tendance à engendrer des relations superficielles et restrictives. Ce comportement vous prépare à être constamment déçu. Imaginez plutôt ce qui pourrait arriver si vous deviez consacrer votre temps à encourager ceux qui vous entourent. Visualisez-les en train de réussir dans tout ce qu'ils font et ayez une confiance inébranlable en leurs capacités. L'ours polaire croit que cette attitude ouvrira la voie à la joie, plutôt que de construire un monde où la tristesse est constante.

Santé et bien-être

Pouvez-vous faire confiance et croire que vous êtes en ce moment exactement là où vous êtes censé être ? Il n'est pas toujours facile d'accepter les circonstances actuelles, surtout si elles semblent défavorables. Mais c'est exactement ce que la foi vous demande de faire. Elle vous demande d'accepter ce qui est et de croire que cette situation est temporaire. C'est souvent plus facile à dire qu'à faire. Mais l'ours polaire vous demande d'en faire l'essai. Juste pour aujourd'hui, acceptez ce qui est. Vous en êtes là actuellement, mais vous n'êtes pas obligé d'y rester. Croyez que cela aussi passera.

Questions de la carte du jour

- Savez-vous comment lire les messages du monde qui vous entoure ?
- Que signifie pour vous la foi ?
- Avez-vous confiance que ce que vous êtes est toujours suffisant ?

VI ♦ Les Amoureux/Cygne

« Venez avec moi et permettez-moi de m'émerveiller devant l'être magnifique que vous êtes. Lorsque nous nous rencontrons, ce n'est pas pour nous complaire, mais plutôt pour nous tenir dans notre propre gloire et savoir qu'ensemble nous pouvons créer quelque chose de magique. Laissez le contraste de nos propres particularités créer la perfection dans notre unité. »

— Message du Cygne

Je crois que la plupart d'entre nous connaissent l'histoire du vilain petit canard, qui est en réalité l'histoire d'un être intérieur qui prend son temps pour se manifester dans sa réalité extérieure. Pendant cette phase d'évolution, le cygne doit croire qu'il ne lui manque rien dans sa vie et que ce qui existe est parfait naturellement, indépendamment de son reflet extérieur qu'il affiche aux autres. Cet élément de beauté et de plénitude intérieure est essentiel pour déployer le pouvoir de la carte des Amoureux. Car peu importe l'énergie que vous y mettez, ce qui compte, c'est que vous soyez pour vous-même un complice ou un partenaire. Avez-vous la capacité d'être entier et présent à ce que vous attirez ? Ou êtes-vous en train de nier la chose même que vous tentez d'attirer ? La carte des Amoureux vous demande de ne pas regarder ce que vous pouvez obtenir de quelqu'un ou de quelque chose, mais comment vous pouvez vous en réjouir. Apprenez comment vous ancrer dans votre propre pouvoir, tout en révélant le pouvoir de ceux qui vous entourent.

Affaires et carrière

En affaires, il est facile d'oublier que vous avez quelque chose à offrir à ceux qui vous entourent, et non l'inverse. Si vous voulez ou avez besoin de quelque chose de quelqu'un, vous devez d'abord découvrir comment vous pouvez lui être utile. Cette manière d'agir montrera vos talents d'une façon que les autres n'oublieront pas. Et n'est-ce pas ce que vous voulez dans une relation d'affaires ? Qu'on garde de vous un souvenir inoubliable pour les bonnes raisons ?

Famille et relations

Le cygne représente l'élément de l'amour inconditionnel : l'amour de soi et l'amour des autres. Il ne place pas l'un au-dessus de l'autre, ni ne nie l'amour en l'enveloppant dans des attentes étouffantes. Le cygne choisit une seule partenaire de vie, et ce n'est pas l'exclusivité de son choix qui est pertinente, mais plutôt son engagement vis-à-vis du choix qu'il a fait. Lorsque vous examinez votre relation, pouvez-vous dire que vous êtes tout aussi engagé dans vos choix ?

Santé et bien-être

L'histoire du vilain petit canard est une bonne métaphore de votre relation avec votre corps. Si vous le percevez comme déficient ou moche, ou si vous échouez constamment, alors il sera presque impossible qu'il se transforme pour devenir le corps dont vous rêvez. Afin d'insuffler l'énergie des Amoureux dans votre pratique de guérison, vous devez d'abord créer l'amour à l'intérieur de vous-même. Montrez à votre corps que vous l'aimez et soyez vraiment reconnaissant pour tout ce qu'il fait pour vous. Construisez sur ce flot de gratitude, et avant que vous ne le sachiez, vous aurez transformé votre corps de vilain petit canard en un magnifique cygne, qui était là depuis le début.

Questions de la carte du jour

- Comment souhaitez-vous être aimé ?
- Quelles sont les attentes qui limitent vos interactions avec vos proches ?
- Comment pouvez-vous vous rapprocher de la personne, du lieu ou de la chose que vous cherchez à attirer ?

VII ♦ Le Chariot/Orque

« Comprenez-vous vraiment comment fonctionne le mouvement ? Comprenez-vous l'effet d'entraînement et les conséquences des mouvements que vous faites ? Chaque fois que vous marchez, sautez ou changez de direction, vous provoquez une ondulation. Une onde qui finira par vous revenir, emportant avec elle l'énergie qui l'a créée. Cela signifie que vous devez accorder autant d'attention à l'énergie qui cause le mouvement qu'à la direction du mouvement lui-même. Un mouvement ciblé et contrôlé signifie une ondulation précise et maîtrisée. Un mouvement sans contrôle et mu par la peur provoque une ondulation chaotique inspirée par la peur. De quelle nature est l'énergie qui vous est renvoyée ? »

— Message de l'Orque

Avez-vous déjà vu un banc d'orques ? Ces mammifères ressemblent à une machine bien huilée, qui savent précisément utiliser la vitesse, plonger et se servir de leurs queues pour créer des vagues. Les orques sont les maîtres du mouvement. Elles comprennent si bien leur univers qu'elles savent exactement comment réagir lorsqu'elles se déplacent. Elles savent quels effets seront produits lorsqu'elles changeront de direction, et elles savent exactement quelle puissance elles généreront si elles changent de vitesse. Cette maîtrise du mouvement a fait de ces animaux parmi les chasseurs les plus performants au monde.

Pour atteindre une telle maîtrise, il faut d'abord savoir comment le monde qui les entoure réagit à leur façon de se déplacer. Le Chariot est la carte ultime du mouvement. Elle ne vous dit pas toujours dans quelle direction ira le mouvement ; ce sera le rôle des autres cartes qui l'entourent. Si l'énergie des cartes qui entourent votre Chariot est erratique et incontrôlable, alors le moment est peut-être venu de reprendre les rênes de votre vie. Si, toutefois, l'énergie des cartes entourant le Chariot est ciblée et centrée, cela signifie que vous êtes sur la bonne voie et que vous devriez voir vos résultats se propager à toute vitesse.

Affaires et carrière

Votre entreprise se dirige-t-elle dans la bonne direction ? Il arrive parfois que les entrepreneurs soient tellement pris par les tâches dans leur entreprise qu'ils oublient de travailler *sur* elle. Prenez un peu de recul et voyez si tout le travail que vous avez accompli vous conduit réellement là où vous voulez aller. Si vous n'êtes pas remonté à la surface depuis un certain temps, vous avez peut-être dérivé. Il est temps maintenant de vérifier et de corriger le tir.

Famille et relations

Dans une relation, le mouvement est tellement plus rapide si les deux personnes concentrent leur énergie sur les mêmes choses. Si chacun tire dans un sens différent, le chariot se mettra à zigzaguer sur la route et un accident pourrait bien se produire. Demeurez concentré et choisissez une direction commune. Une fois arrivé à la première destination, vous pourrez choisir la suivante, puis la suivante. Mais pour l'instant, il suffit de se mettre d'accord sur la première et de vous diriger ensemble dans cette direction.

Santé et bien-être

L'orque connaît incroyablement bien son environnement. Elle sait comment il réagira à ses mouvements et comment s'ajuster en conséquence. Est-ce votre cas ? Si vous deviez modifier des aspects de votre vie en ce moment, comment le monde autour de vous réagirait-il ? Pour obtenir les résultats que vous souhaitez, vous devrez bien comprendre les répercussions possibles. Si vous pouvez maîtriser ceci, alors rien ne pourra entraver votre route vers la santé et le bien-être.

Questions de la carte du jour

- La direction que vous avez choisie est-elle la bonne pour vous ?
- Comment pouvez-vous obtenir un meilleur contrôle de votre chariot intérieur ?
- Quelles sont les répercussions que vous avez provoquées récemment qui vous ont surpris ou vous ont pris au dépourvu ?

VIII • La Force/Bœuf

« Il n'est pas toujours facile de continuer, de prendre un autre risque ou de recommencer à zéro. Mais il arrive parfois que le chemin que nous choisissons nous oblige à faire les choses qui semblent les plus difficiles à réaliser. Il n'y a aucune garantie sur les chemins de la vie et la seule façon de découvrir ce que nous rencontrerons est de s'avancer sur ces chemins. Être immobile n'est pas une option dans le monde physique. Qu'on le veuille ou non, nous devons tous avancer sur notre chemin. Chaque étape est une victoire, chaque larme est un rappel, et chaque kilomètre nous rapproche de notre destination. Creusez profondément vos sillons, car il vous faut continuer à avancer sur cette voie que vous appelez la vie. »

— Message du Bœuf

Je suis certaine que vous avez entendu l'expression « fort comme un bœuf », car un bœuf peut tirer deux fois son poids corporel. Les bœufs ont été employés pour le transport et pour l'agriculture pendant des siècles. Dans certains pays du tiers monde, ils sont encore utilisés et ils constituent une part importante de l'économie locale. Mais si vous jetez un coup d'œil sur la carte du bœuf, que voyez-vous exactement ? On pourrait dire que l'image montre la force brute du bœuf qui tire une lourde charge, en d'autres termes, une image du bœuf utilisé pour le transport. Ou bien, on pourrait dire que le bœuf montre comment il peut être utile à quelqu'un d'autre en lui offrant sa ressource naturelle : sa force physique. Mais que signifie exactement cette force ? Vous voyez, il ne s'agit pas simplement de muscles physiques ou de force brute. Il y a la force émotionnelle, la force mentale et, bien sûr, le courage. J'ai toujours cru que le courage et la force sont intimement liés dans la signification et le fonctionnement de cette carte. Voyez le chemin que le bœuf doit parcourir avec son chargement. Cela peut représenter la voie vers tout ce que vous voulez accomplir, ou que vous commencez tout juste à entreprendre. Il faut du temps pour développer les muscles, la volonté et la détermination. Le courage n'arrive pas du jour au lendemain ; il se développe à force de sueur pour faire changer les circonstances de manière dynamique. Tout comme le bœuf, votre force vous permettra d'avancer un pas à la fois.

Affaires et carrière

Si vous êtes novice dans le monde des affaires, ou si vous êtes dans le domaine depuis un certain temps, vous savez qu'il faut du courage pour être votre propre patron. Tout comme le parcours du bœuf, ce n'est pas facile et ce n'est pas donné à tout le monde. C'est pourtant ce que vous faites, et cela demande du courage. Juste pour aujourd'hui, dressez la liste de toutes les occasions que vous avez eues d'approfondir et de trouver cette force intérieure pour atteindre vos objectifs d'affaires. Le fait de célébrer vos victoires rendra votre parcours plus aisé.

Famille et relations

Les gens ont parfois tendance à oublier que les relations ne sont pas des champs de bataille. Lorsque nous trouvons quelqu'un avec qui voyager, nous ne sommes pas en concurrence avec lui et encore moins en guerre contre lui. Vérifiez comment vous utilisez vos « muscles » dans votre relation actuelle. Soutenez-vous votre partenaire, ou essayez-vous de le dominer de tout votre poids, rendant ainsi votre vie commune tendue et fragile ?

Santé et bien-être

La voie vers la santé et la guérison n'est pas toujours simple. À l'instar du bœuf sur cette carte, bien des gens entament leur route alourdis par le poids du passé. Si vous voulez avancer, il faut non seulement abandonner une partie de ce poids, mais aussi développer vos muscles. Peu importe où vous vous trouvez sur la voie vers la guérison, continuez tout simplement. Poursuivez votre route, délestez-vous du fardeau de votre passé et continuez à développer vos muscles.

Questions de la carte du jour

- Quels muscles avez-vous besoin de renforcer maintenant ?
- Comment vos forces personnelles peuvent-elles aider ceux qui vous entourent ?
- Essayez-vous de dominer de tout votre poids au lieu de soutenir un de vos proches ?

IX • L'Ermite/Mante religieuse

« Avez-vous déjà remarqué que les choses semblent différentes le matin ? Après une courte période d'arrêt entre le sommeil et l'urgence de trouver une solution, vous découvrez de nouveaux choix. Le meilleur moyen consiste parfois à attendre. Le retrait, ne serait-ce que pour un bref moment, est parfois la meilleure solution. Ensuite, nous nous tournons vers la lumière et nous pénétrons dans son éclat, confiants et déterminés. Tout comme nous sortons chaque matin de la torpeur du sommeil pour recevoir l'étreinte éclatante du soleil. »

— Message de la Mante religieuse

De nombreuses représentations de l'Ermite le montrent tenant une lanterne dans l'obscurité de la nuit. Cette lanterne est devenue quelque peu synonyme de l'image de l'Ermite. Mais ici, dans ce tarot, la mante se tient dans la lumière, encerclant la lanterne entre ses antennes et le soleil. Tout comme la lanterne est le symbole de la lumière dans l'obscurité, le soleil nous rappelle que la lumière se lèvera toujours de nouveau. L'Ermite devient alors la promesse du retour de la lumière après un temps passé seul dans l'obscurité. Et ce moment de solitude dans l'obscurité est maintenant ce qui est requis. Les Bushmen de la réserve du Kalahari racontent l'histoire de la mante religieuse, et comment lorsqu'elle a besoin d'une solution urgente, se met en état de sommeil afin de pouvoir y rêver. Ce voyage dans les ténèbres pour trouver ce que l'on cherche, puis le ramener à la lumière, est un aspect important de l'archétype de l'Ermite. Cela nous rappelle que parfois le sommeil est la solution afin de ramener un problème à la lumière du jour pour le voir sous un nouvel angle. La mante religieuse vous rappelle donc qu'il est sage de prendre du recul face à votre problème actuel. Ce délai ne doit pas être perçu comme un retard, mais comme un moyen de vous donner du temps et de l'espace pour vous aider à trouver la solution dont vous avez besoin.

Affaires et carrière

Ce n'est pas le moment de prendre des décisions irréfléchies. Votre énergie est influencée par l'Ermite, qui vous demande de ralentir et de prendre le temps d'examiner toutes les conséquences possibles. En affaires, nous avons souvent l'impression que chaque décision est une « question de vie ou de mort ». Mais c'est très rarement le cas. Le message de l'Ermite est clair : ne prenez pas de décisions basées sur la peur. Dormez plutôt, et ne prenez des décisions qu'à tête reposée.

Famille et relations

Il est temps de faire une pause, ne serait-ce qu'un bref moment. Cette carte indique un besoin d'être seul pour une courte période. Pas un isolement complet, mais juste le temps de vous retrouver, afin d'être en mesure de déterminer avec une clarté absolue ce dont vous avez besoin et ce que vous souhaitez. En matière de cœur, il est préférable d'avoir une certitude, plutôt que de prendre une décision inspirée par la peur ou de réduire vos attentes. Alors accordez-vous l'espace et le temps nécessaires pour voir exactement ce qui se passe dans votre situation actuelle.

Santé et bien-être

La mante religieuse et l'Ermite vous indiquent qu'il y a de la lumière au bout du tunnel. Ils représentent la promesse du retour de la lumière dans votre vie, et ils vous l'apporteront. Les choses paraissent peut-être sombres en ce moment, mais sachez que vous devez trouver ce que vous cherchez avant de pouvoir quitter les ténèbres. Il faut donc vous abandonner à l'obscurité de la nuit, vous y détendre et laisser venir la solution. Ensuite, vous n'aurez qu'à suivre la mante religieuse lorsqu'elle vous fera sortir de l'ombre pour vous ramener à la lumière.

Questions de la carte du jour

- Aimez-vous être seul ? Sinon, pourquoi ?
- Que signifie pour vous « se tenir dans sa propre lumière » ?
- Vous accordez-vous l'espace et le temps nécessaires pour prendre des décisions éclairées ?

T
A
R
O

X • La Roue de Fortune/Coccinelle

« Êtes-vous suffisamment conscient pour remarquer les coïncidences que l'univers met sur votre route ? Verrez-vous l'occasion inespérée avant que ma roue ne commence à tourner, ou vous laisserez-vous distraire par vos propres limites intérieures ? Sachez-le, la chance n'appartient pas aux chanceux et d'ailleurs, la chance n'existe pas. Ce n'est que pour les personnes conscientes et prêtes à aller de l'avant que la Roue de Fortune peut faire ce qu'elle doit, c'est-à-dire tourner. »

— Message de la Coccinelle

La Roue de Fortune nous rappelle que rien ne reste pareil. Tout dans l'univers bouge constamment, et ce mouvement perpétuel fait en sorte que les occasions n'attendent pas éternellement. Cela dit, il n'existe pas d'événement unique dans une vie. Si la Roue a quelque chose à nous apprendre, c'est que tout est cyclique, et que ce qui arrive revient, encore et encore, même si ce n'est pas toujours à l'identique — et c'est tout l'intérêt de la chose. Alors, soyez prêt. La coccinelle a longtemps été associée à la chance. Mais saviez-vous que la couleur d'une coccinelle peut aussi être un message, à savoir ce que vous devez faire afin de vous aligner sur la chance à venir ? Sur la carte de la Roue de Fortune, la coccinelle est rouge, la principale couleur de la plupart des coccinelles. Cette couleur est associée au chakra racine, ou premier chakra, et est liée au monde matériel. La coccinelle orange est associée au chakra sacré, ou deuxième chakra, et elle est liée à l'énergie émotionnelle créative. La coccinelle jaune est associée au troisième chakra du plexus solaire, qui est le centre énergétique de l'action et des efforts. La dernière couleur est le rose, une couleur associée au quatrième chakra ou chakra du cœur ; la coccinelle rose vous incite à laisser arriver ce qui doit arriver.

Affaires et carrière

Le monde des affaires évolue rapidement. De nouvelles tendances, des marchés et des niches font continuellement leur apparition. Pourtant, certaines personnes semblent toujours être sous les projecteurs. Ce n'est pas par hasard, mais par stratégie. La Roue de Fortune est un rappel que les choses changent constamment ; que nous aimions ou non le changement. Ceux qui suivent le flot du changement et qui sont prêts à affronter les sables mouvants seront toujours en tête dans la communauté des affaires. Ceux qui ne le font pas disparaîtront. Vos affaires continueront-elles à progresser ou seront-elles balayées par le mouvement constant de la roue ?

Famille et relations

Tout comme la roue, les relations se modifient avec le temps. Elles ne demeurent jamais les mêmes et c'est souvent une cause de conflit dans certains couples. Mais c'est inutile. Avec la coccinelle de votre côté, vous avez la possibilité de trouver une solution qui vous fera grandir en tant que couple. Il s'agira peut-être de voyager davantage, ou de passer plus de temps ensemble sans la distraction des téléphones, ou même un projet pour la maison. Trouvez quelque chose sur lequel vous pouvez travailler ensemble et laissez la coccinelle briller dans votre union.

Santé et bien-être

Saviez-vous que la plupart des gens ne parviennent jamais à atteindre leurs objectifs de santé parce qu'ils ne s'y préparent pas ? Cela semble illogique, mais c'est le cas. Dans ma pratique thérapeutique, j'ai vu si souvent des personnes qui étaient incapables de se voir autrement que ce qu'elles sont en réalité. Mais la roue doit tourner et les choses doivent changer. Alors, préparez-vous à changer pour de bon et élaborez des plans dès maintenant afin de célébrer votre guérison quand vous aurez atteint vos objectifs.

Questions de la carte du jour

- Comment gérez-vous le changement ?
- Planifier votre réussite vous semble-t-il une idée insensée ?
- Quel domaine de votre vie a le plus besoin de chance ?

XI • La Justice/Grue

« L'équilibre n'est pas seulement une question d'égalité. L'équilibre consiste à trouver la voie du milieu ou à la ramener vers son centre. Afin de trouver un véritable équilibre, il faut s'assurer que son centre n'est pas corrompu ou contaminé par l'ego. Car si c'est le cas, il sera impossible de trouver la justice. Avec mon bec, je peux arracher les toxines indésirables de vos eaux émotionnelles afin que vous puissiez dégager le chemin et revenir au centre. Ainsi, vous retrouverez à nouveau votre équilibre et complétude. »

— Message de la Grue

Sur cette carte, nous voyons la grue coiffée de rouge dans une position défensive, mais elle se contente de rester debout afin que les autres sachent qu'elle ne peut pas se laisser influencer par son propre esprit. Ce qui est important, ce n'est pas d'avoir raison ou tort, c'est plutôt de trouver la bonne solution qui profite à tous. Pour y réussir, elle doit être forte. Lorsqu'il est question de la Justice, il est important de comprendre qu'il y aura toujours plus d'un témoignage ou d'une perspective à prendre en considération. Tout le monde croit que leur version particulière est la vérité. Malheureusement, la vérité est de nature inconstante, ce qui signifie qu'il faut aller au-delà d'une seule vérité et chercher un résultat plus concerté. Dans le jeu traditionnel de Rider-Waite, vous verrez l'épée de la Justice pointée vers le ciel ; sur la carte de la grue à tête rouge, son bec est pointé vers le ciel. Cette image symbolise une plus grande puissance en jeu lorsqu'il s'agit de trouver le juste milieu dans votre situation actuelle. Dans son livre *La bible du tarot,* Rachel Pollack explique que la carte de la Justice devient le centre ou le point central des arcanes majeurs, car dix cartes la précèdent et dix autres lui succèdent. Même dans le positionnement de cette carte, nous voyons qu'il est essentiel d'avoir un résultat équilibré. En tant qu'animal totem, la grue est capable d'ancrer les émotions dans la réalité et d'en retirer le dard, ne laissant derrière elle que des actions conscientes. Afin que la Justice vous serve, vous devrez aussi apaiser vos émotions, ainsi vous verrez qu'il existe un moyen de trouver une solution pour le bien de tous, tout en ne nuisant à personne.

Affaires et carrière

La grue peut indiquer des ennuis ou des problèmes légaux. Ce serait le bon moment de vous assurer que tous vos documents sont en ordre. Assurez-vous que votre permis et votre assurance d'entreprise sont à jour. Vérifiez aussi que tous les formulaires juridiques de votre entreprise sont classés dans un endroit où vous pouvez les retrouver facilement.

Famille et relations

La Justice pourrait aussi être nommée la carte de la résolution, car lorsqu'elle fait son apparition, elle indique que quelque chose doit être classé ou résolu. Que cela vous plaise ou non, il y a quelque chose à régler dans une de vos relations. Il est peut-être temps de vous excuser, ou d'exprimer la douleur et la peine que vous avez enfouies. Quoi qu'il en soit, il est temps de vous préoccuper une fois pour toutes de l'énergie de cette carte.

Santé et bien-être

Pendant votre processus de guérison, vous éliminez beaucoup de choses. Ce processus est souvent appelé « éplucher l'oignon » et il se peut que vos émotions deviennent déséquilibrées et erratiques. La grue peut vous aider à apaiser ces émotions et vous ramener au centre. Tout ce que vous devez faire, c'est vouloir vous libérer de ces émotions et permettre à la grue de les enfouir profondément dans la terre.

Questions de la carte du jour

- Avez-vous des problèmes juridiques urgents à traiter ?
- En ce moment, quel aspect de votre vie vous faut-il résoudre ?
- Comment vous recentrez-vous après que vos émotions se soient déchaînées ?

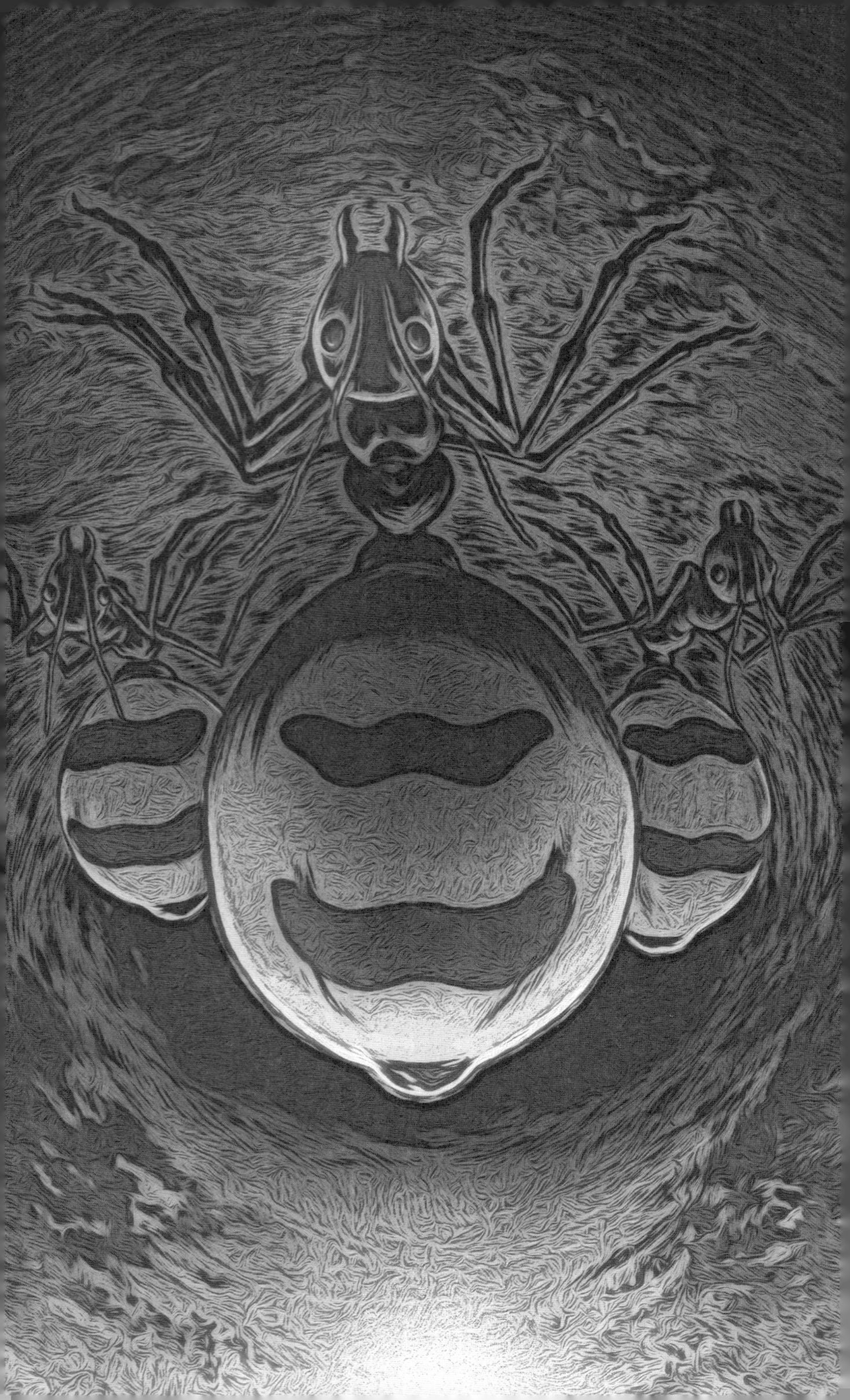

XII • Le Pendu/Fourmi mellifère

« Tout ce qui nous est imposé n'est pas une mauvaise chose. Il arrive parfois que d'autres observent en nous ce que nous sommes incapables de voir. L'objectif global n'est pas toujours évident pour ceux qui sont les plus proches. Cependant, avec un certain détachement, on peut facilement décider de dégager l'ensemble de la situation sans minimiser notre rôle dans cette histoire. Car il est libérateur de lâcher prise et de laisser Dieu jouer son rôle. »

— Message de la Fourmi mellifère

La structure sociale des fourmis mellifères permet aux fourmis ouvrières de se nourrir même lorsque la nourriture n'est pas facilement disponible dans les environnements désertiques où elles vivent. Les fourmis ouvrières choisissent les plus grosses d'entre elles et commencent à les gaver d'eau et de nectar. Ce mélange de sirop sucré est stocké dans l'abdomen de la fourmi, spécialement conçu pour cet usage. Une fois que ces fourmis sont remplies, elles sont déplacées vers le sommet du nid, où elles passent le reste de leur vie la tête en bas, régurgitant le nectar pour le reste de la colonie. C'est une vie de sacrifice, de service et de renoncement. Le Pendu vous rappelle que même si certaines choses dans votre vie vous sont imposées, vous disposez toujours du libre arbitre. Le renoncement est un choix qui est fait volontairement dans le but de transcender n'importe quelle situation. Au moment de la reddition, l'esprit et le corps cessent complètement de lutter. À ce stade, notre perspective de la vie elle-même se modifie. Lorsque la lutte disparaît, il ne reste que la liberté. La liberté est l'accession vers la libération. La fourmi mellifère accepte le rôle qu'elle doit jouer et s'abandonne à son destin divin sans se plaindre et sans combattre, tout comme le Pendu. Peut-être faut-il faire de même actuellement, ne serait-ce que pour un moment.

Affaires et carrière

Est-ce qu'on vous a déjà dit que vous pensiez trop ? Ce n'est pas le moment d'afficher votre entêtement ou de tenter d'imposer votre façon de penser à propos de votre situation actuelle.

Au lieu de cela, abandonnez-vous à l'expérience. Vivez-la tout simplement, et cessez de raisonner. Remarquez que le cœur du Pendu est placé au-dessus de sa tête : c'est maintenant le moment de ressentir, non de réfléchir.

Transformez votre état d'être en laissant émerger vos sentiments et donnez du répit à votre cerveau.

Famille et relations

Le Pendu vous en apprend plus sur votre cœur que sur votre tête. Votre esprit pourrait très bien être votre pire ennemi en ce moment, pensant et rêvant à des choses qui ne sont pas en accord avec l'orientation que vous souhaitez prendre dans cette relation. Recommencez à vivre l'amour, au point de vous abandonner, et ouvrez votre chakra du cœur. Permettez-vous de ressentir. Ressentez tout, même ce qui fait mal, et aimez inconditionnellement quoi qu'il en soit.

Santé et bien-être

Dans le yoga, les postures inversées sont utilisées pour placer le cœur au-dessus de la tête. Ce faisant, vous favorisez une meilleure circulation du sang et de l'énergie dans tout votre corps. En retour, cette technique aide le corps à guérir, à se régénérer et à clarifier ses idées. Trouvez un moyen aujourd'hui d'aller au-delà de votre tête afin de libérer votre corps des restrictions que l'esprit lui a imposées.

Questions de la carte du jour

- Actuellement, quels sont les aspects de votre vie qui sont perturbés par votre esprit ?
- Pouvez-vous trouver d'autres moyens de lâcher-prise et de laisser faire Dieu ?
- Si vous deviez renoncer à votre situation actuelle, que se passerait-il ?

XIII • La Mort/Condor de Californie

« Ce que je suis ne vous semble peut-être pas très beau, mais je sais que je sers un objectif divin profond et je suis plus qu'heureux de l'accomplir. Nous jouons chacun notre rôle dans le plan divin et je sais, sans l'ombre d'un doute, que j'y joue le mien. Je prends ce qui ne sert plus et je le transforme grâce à un cycle de mort et de renaissance. L'univers a besoin de perpétuer son cycle de création et je suis heureux d'être l'un des gardiens de la transformation. »

— Message du Condor de Californie

On ne peut nier que les vautours du nouveau Monde nous ramènent à la question de la Mort. C'est comme s'ils voulaient que nous voyions ce qui reste derrière nous. Mais nous ne voulons pas savoir ce qui arrive réellement lorsque l'âme abandonne son enveloppe physique. Ce qui se passe après la mort n'est pas une conversation plaisante lors d'un repas. Pourtant, savoir ce qu'est l'achèvement nous confère un pouvoir de régénération. Dans un monde axé sur la consommation, le condor nous apporte d'autres leçons en posant constamment la même question : qu'advient-il du monde matériel et de tous ses objets qui ne servent plus et que les gens jettent ? Quel aspect de la mort avons-nous oublié quand il s'agit de choses indésirables ?

Être loin des yeux ne veut pas dire être loin du cœur, nous rappelle carrément le condor. La carte de la Mort traite moins de la mort physique, mais davantage du concept de la mort dans son ensemble. L'énergie de l'achèvement imprègne cette carte, mais la mort est un cycle, et non un voyage à sens unique. Cette énergie se situe dans chaque aspect de notre expérience physique. En fait, il n'existe pas de domaine dans le monde matériel où la mort ne joue pas un rôle cyclique.

Affaires et carrière

Lorsque cette carte apparaît dans une lecture concernant les affaires, elle vous indique que quelque chose est en train de se terminer. Il est donc inutile de chercher à arrêter ce cycle. Et si vous ne gérez pas correctement la situation, il vous sera difficile de progresser et de grandir. Dans votre entreprise, pensez à ce qui doit être achevé et concentrez-vous sur cet achèvement.

Famille et relations

Cette carte pourrait vous apporter l'énergie d'une nouvelle vie. Les relations traversent des cycles, avec chacun son propre commencement et sa propre fin. Il est donc temps que l'un de ces cycles s'achève.

La fin est bénéfique, car cela signifie que quelque chose de nouveau est sur le point de se produire pour vous et pour vos proches. S'accrocher aux énergies, aux possessions ou à des situations qui ne vous servent plus, ne créera pas la vie que vous souhaitez. Alors, lâchez prise et permettez à l'énergie de la Mort de faire son travail.

Santé et bien-être

Le condor de Californie ne représente pas seulement l'énergie de la mort, mais aussi la résurrection à sa propre mort. Cette espèce, autrefois menacée, fait un retour très apprécié et bénéfique. Pour être honnête, nous avons besoin dans notre monde de plus de rappels de la mort et du rôle qu'elle joue dans notre vie quotidienne. Pour vraiment comprendre le renouveau, nous devons d'abord nous familiariser avec l'énergie de la mort.

Questions de la carte du jour

- Combien de vos idées avez-vous rejetées ou qui ont été écartées par d'autres ?
- Combien de relations avez-vous eues, sans pouvoir vous libérer de leur énergie, condition pour que cette énergie quitte son ancienne forme et renaisse à nouveau ?
- Combien de carcasses avez-vous empilées dans votre champ énergétique ?

XIV • La Tempérance/Flamant rose

« Votre corps est un miroir du travail intérieur de votre moi, de votre esprit et de vos émotions. Vous pourriez dire que c'est le miroir de l'expérience physique de votre âme. Examinez bien ce que vous révèle votre corps et décidez ensuite si vous aimez ce qu'il raconte. Que cela vous plaise ou non, sachez simplement que l'histoire de votre corps ne peut se modifier que si vous agissez pour changer les choses. Même si vous choisissez de ne rien faire, votre corps affichera ce choix à la vue de tous. Rien sur vous n'est vraiment dissimulé, peu importe l'énergie que vous y mettez. »

— Message du Flamant rose

Je suis certaine que vous avez entendu l'expression : « ne jugez pas un livre à sa couverture ». Mais saviez-vous que cette maxime peut être aussi inexacte ? Vous pouvez en apprendre beaucoup sur une personne en examinant sa « couverture ». Le corps donne des signes très flagrants de l'état de bonheur, de santé et d'amour d'une personne. N'avez-vous jamais dit à quelqu'un qu'il paraissait pâle ? Ou peut-être avez-vous dit à un ami : « Tu n'as vraiment pas l'air bien » ? D'un simple regard, il vous est possible de deviner comment vont les autres. La peau est un organe extraordinaire et, tout comme la Tempérance, c'est un maître pour combiner des éléments disparates et ainsi trouver l'équilibre et l'harmonie. Tout comme le flamant, votre déséquilibre se reflète sur l'apparence de votre peau.

Bien que le flamant ne soit pas tout à fait rose au départ, il le devient au fur et à mesure que sa santé s'épanouit. S'il reste pâle ou ne parvient pas à garder des nuances de rose dans sa coloration, il est considéré comme anémique, peut-être même malade ou proche de la mort. La couleur rose du flamant est due au taux élevé de caroténoïdes qu'il consomme. Ces bonnes protéines lui donnent de bonnes couleurs, qui témoignent d'un oiseau en bonne santé. Les mauvaises protéines rendront l'oiseau pâle et malade, et parfois, il en mourra. Nous ne sommes pas très différents de notre ami le flamant rose. Votre corps raconte comment vous mélangez bien vos ingrédients internes. Il indique clairement si vous avez trouvé le bon équilibre dans votre vie ou si c'est le contraire. Allez, examinez-vous bien dans le miroir et voyez si vous avez le bon mélange d'ingrédients ou non.

Affaires et carrière

En affaires, vous devrez affronter beaucoup d'énergie adverse. Vous devrez également capter cette énergie et la tourner à votre avantage. Parfois, les résultats sont étonnants et, parfois, il vaut mieux ne plus en parler. Mais c'est ainsi que vous apprenez et grandissez. Ne restez pas dans votre zone de sécurité. Trouvez quelque chose ou quelqu'un qui a une vision différente de la vôtre et apprenez comment intégrer cette énergie dans votre projet actuel.

Famille et relations

Il arrive parfois que les contraires s'attirent vraiment, et il y a une raison à cela. Une personne peut évoluer considérablement en discutant avec des gens qui ne partagent pas les mêmes croyances ou les mêmes intérêts. Cette diversité de points de vue peut repousser vos limites, vous donner de nouvelles idées et même approfondir votre lien avec ce qui vous est le plus cher. De toute façon, le contraste et la différence sont de bonnes choses ; ils nourrissent l'âme et nous permettent de demeurer forts et résilients. Cherchez à rencontrer plus de gens différents de vous.

Santé et bien-être

Un flamant a besoin de bons caroténoïdes dans son alimentation. Vous procurez-vous de bonnes protéines et savez-vous même en quoi elles consistent ? Croyez-le ou non, la science nous a maintenant prouvé que les protéines animales sont en réalité les protéines les plus faibles que l'homme puisse ingérer. Les meilleures protéines à consommer et qui nous font briller de l'intérieur sont celles que l'on trouve dans les aliments entiers à base de plantes. Si la Tempérance fait son apparition dans ce tirage, c'est sans doute le bon moment de commencer à ajouter plus de « bonnes protéines » à votre alimentation. Votre corps guérira plus vite et aura une meilleure apparence en un rien de temps.

Questions de la carte du jour

- Comment pouvez-vous utiliser les différences dans votre vie afin qu'elle soit plus équilibrée et harmonieuse ?
- Qu'est-ce que l'apparence de votre peau reflète de vous actuellement ?
- Si votre « couverture » racontait une histoire, que serait-elle ?

XV • Le Diable/Lynx

« Avez-vous déjà remarqué que votre point de vue détermine ce que vous voyez et ressentez sur un sujet donné ? En fait, demandez à 20 personnes, témoins de la même scène, de vous dire ce qu'elles voient et vous obtiendrez 20 points de vue différents. La vision est aléatoire et les yeux ont tendance à mentir. Cela signifie que ce que certains considèrent comme restrictif et abusif, d'autres le voient comme libérateur. Tout dépend vraiment de votre regard sur les choses ».

— Message du Lynx

Le Diable et moi-même entretenons un lien très profond et imbriqué. Pour cette raison, j'ai tendance à voir le Diable comme une force libératrice, celle qui nous permet de nous libérer du contrôle et des contraintes que le monde cherche à nous imposer. C'est par le Diable que l'on tend à être qui l'on est vraiment, non pas ce que les autres veulent que nous soyons. Cette absence de jugement et d'attente peut être très libératrice, mais certaines personnes ignorent comment utiliser ce degré de liberté dans leur propre vie. Car, avouons-le, avec une totale liberté vient une responsabilité entière, et en présence du Diable, vous êtes seul responsable de vos pensées, de vos sentiments et de vos actions. Surtout de ceux que vous ne voulez ni voir ni avoir.

Alors que le lynx lève les yeux de sa pitance, il vous demande si vous assumez les pièges que vous avez installés. De son point de vue, vous êtes un envahisseur, quelqu'un qui n'appartient pas à son environnement naturel. Il vous voit comme une force intrusive et contrôlante qui perturbe son mode de vie. Le lynx ne se soucie pas de vivre sa vie sous le couvert des ténèbres et des ombres ; il veut simplement qu'on le laisse seul pour faire ses choses. De votre perspective, vous identifiez-vous avec le lynx ou avec ceux qui tentent de le piéger et de le contenir ?

Affaires et carrière

Lorsque le Diable apparaît à la porte de votre entreprise, méfiez-vous. Bien que cette occasion puisse sembler incroyable, lisez les petits caractères sur le contrat. Assurez-vous que vous vous engagez pour quelque chose qui vous sera bénéfique à long terme. Quoi que vous fassiez, ne soyez pas aveuglé par un gain à court terme, car vous pourriez en souffrir plus tard.

Famille et relations

À mon avis, le Diable est l'une des énergies les plus créatives du tarot. Il peut être séduisant et inventif : de bonnes qualités à avoir lorsqu'on est en amour. Mais n'oubliez pas que la ligne est mince entre le plaisir mutuel et le contrôle manipulateur. Soyez assuré que le Diable vous offrira les deux, vous serez donc responsable de la solution que vous choisirez.

Santé et bien-être

Le lynx et le Diable vous demandent de prendre la responsabilité de vos points de vue. Bien sûr, ils peuvent se modifier au fil du temps, mais maintenant vous devez assumer fermement votre position — entièrement, pas seulement lorsque c'est commode, socialement acceptable ou agréable.

Questions de la carte du jour

- Comment utilisez-vous le contrôle comme force créatrice dans votre vie ?
- Vous permettez-vous d'exprimer librement qui vous êtes et ce que vous voulez ?
- Êtes-vous entièrement responsable de vos pensées, de vos sentiments et actions ?

XVI • La Tour/Termite

« Rien dans ce monde n'a jamais été conçu pour durer éternellement. Et rien n'a été créé instantanément. Pas à pas, pièce par pièce, c'est ainsi que nous créons les merveilles que sont nos maisons. Lentement mais sûrement, nous créons quelque chose qui profite à tous. Nous comprenons bien l'impermanence de tout ce qui provient de ce rude paysage physique. Mais le simple fait que quelque chose ne dure pas ne signifie pas qu'il ne faut pas le faire. Car, en réalité, tout ce que nous aurons, c'est l'expérience de notre parcours, et non ce que notre ego veut laisser derrière lui. »

— Message du Termite

Au milieu de l'arrière-pays australien, il y a des villes animées, que l'œil non averti peut très facilement ne pas remarquer. La plupart des gens contemplent le paysage desséché par le soleil de ce désert et voient de vastes étendues désertes. L'environnement y est si difficile que même la terre semble appartenir aux enfers. Mais si vous déplacez légèrement votre regard, vous verrez une métropole prospère, bordée de gratte-ciel. Les tours de termites de la brousse australienne nous rappellent que, peu importe l'apparence du paysage extérieur, la vie ne se contente pas de survivre, elle prospère. Ces structures incroyables témoignent du miracle du génie architectural. Mais en dépit de leur perfection, elles restent vulnérables à leur environnement. Le climat difficile du désert ne se limite pas à la chaleur extrême. Lorsque les pluies balaient la région, elles déchaînent toute la fureur des cieux. La leçon de la Tour et de la termitière nous dit que plus on s'élève, plus on est en danger. Autrement dit, plus l'ego a besoin d'être reconnu et admiré, plus la foudre divine est importante.

Affaires et carrière

Les tempêtes de désert peuvent être désastreuses et la Tour devient vulnérable, comme tout ce qui s'élève au-dessus du sol. Un seul coup de foudre et la prospère métropole de termites s'écroulera. La Tour vous demande de jeter un coup d'œil sur votre paysage extérieur. Avez-vous érigé votre entreprise sur un monde hostile ? Si c'est le cas, votre chute reflétera aussi cette hostilité.

Famille et relations

Les termites sont très bien organisés. Leur maison témoigne de leur capacité à collaborer pour un bien collectif. Même dans une période de chaos ou de crise, ces petits êtres s'unissent toujours. Il est temps que vous et les vôtres en fassiez autant. Collaborez pour atteindre vos objectifs communs, car travailler séparément ne mènera qu'à une fondation fragile et défectueuse.

Santé et bien-être

Bien que cette carte paraisse inquiétante, elle ne l'est pas nécessairement. Pensez à la Tour ou au termite comme étant le point où vous êtes libéré de votre ancien moi. L'histoire qui vous définissait n'est plus, et maintenant, vous faites table rase et vous créez une nouvelle expérience comme vous la souhaitez.

Questions de la carte du jour

- Que cherchez-vous à atteindre et pourquoi ?
- Vous êtes-vous éloigné de la voie de votre divinité intérieure ?
- Vous êtes-vous contenté de construire un monument qui flatte votre ego ?

XVII • L'Étoile/Huître

« Je sais que vous me voyez, même si je suis loin. Vous me voyez briller de l'endroit où vous êtes. J'entends vos pensées et les paroles de votre cœur. Parfois, vos désirs sont si grands que vous avez peur d'en parler. Mais écoutez-les, car je les écoute et je vous les renvoie. Chacun souhaite que tout se réalise, simplement sachez que je vous vois aussi. »

— Message de l'Huître

Ma mère me disait toujours : « Fais attention à ce que tu désires car ça pourrait bien se réaliser ! » À l'époque, je croyais qu'il s'agissait d'une autre de ses nombreuses croyances limitatives. Mais à mesure que je grandissais, j'ai remarqué que les gens se plaignaient encore plus lorsqu'ils obtenaient ce qu'ils désirent, comme si leurs souhaits prenaient trop d'importance dans leur vie quotidienne. J'ai commencé à comprendre la sagesse des paroles de ma mère. (N'allez pas le lui dire !) C'est ce genre d'irritation qui a créé la perle qui scintille à l'intérieur de l'huître. En effet, ce précieux bijou est le résultat final du processus naturel de l'huître pour être en bonne santé et sans infection. Lorsqu'il y a une irritation quelconque à l'intérieur de l'huître, qu'il s'agisse de sable, d'un insecte marin ou autre, l'huître l'enferme dans un lourd dépôt minéral jusqu'à ce que la menace soit neutralisée. Il semblerait que les prix, les désirs et les irritations vont de pair.

L'Étoile représente les deux aspects du processus d'un souhait : le souhait lui-même et le prix que vous êtes prêt à payer pour que celui-ci vous soit accordé. La plupart des gens ne sont que trop disposés à lancer leurs souhaits vers les étoiles, mais très peu semblent vouloir faire face aux conséquences au moment de la réalisation de ces derniers. C'est un peu dommage, vu que ce sont eux qui en ont fait la demande en premier lieu.

Donc, avant d'aller de l'avant et de formuler votre propre souhait, prêtez l'oreille aux paroles de ma mère : « Fais attention à ce que tu désires car ça pourrait bien se réaliser ! »

Affaires et carrière

L'étoile est souvent un symbole d'orientation. Dans le passé, les voyageurs savaient lire les constellations et suivre les étoiles pour ne pas se perdre. L'énergie de l'Étoile apparaît en ce moment afin de vous aider à trouver votre chemin. Il est temps de vous assurer que vous suivez la bonne direction et que votre entreprise se dirige exactement là où vous le souhaitez. Si vous trouvez que ce n'est pas le cas, regardez les étoiles et tracez-vous une nouvelle voie.

Famille et relations

Il arrive parfois que les souhaits se réalisent parce que d'autres personnes ont permis qu'ils se réalisent. Êtes-vous en mesure de réaliser le vœu de quelqu'un d'autre ? Si c'est le cas, il est maintenant temps d'agir et de mettre votre plan à exécution. Il est tout aussi agréable d'être la personne qui exauce les vœux que celle qui les reçoit, alors voici votre chance de briller et de faire sourire quelqu'un de spécial dans votre vie.

Santé et bien-être

L'huître vous demande : « Êtes-vous vraiment prêt à emprunter la voie de la santé et de la guérison que vous souhaitez suivre ? » Vous savez, pour être en santé, il faut en payer le prix : abandonner les habitudes malsaines, les pensées négatives et les sentiments toxiques. Si vous pouvez répondre oui de tout cœur et sans aucune résistance, alors vous êtes sur la bonne voie pour retrouver un corps, un esprit et une âme en santé.

Questions de la carte du jour

- Quels changements êtes-vous prêt à faire dans votre vie pour réaliser votre souhait le plus cher ?
- Êtes-vous en mesure de dire si vous êtes actuellement dans la bonne direction ?
- Qu'est-ce qui vous irrite le plus en ce moment et comment vous servir de cet irritant pour créer votre propre perle ?

XVIII • La Lune /Chouette cendrée

« Grâce à la lumière de la lune, tout paraît différent. Les arbres semblent plus grands et tout autour d'eux se dessine un paysage inconnu. Le silence nocturne ne fait qu'ajouter à l'illusion d'un monde transformé autour de vous. Mais à la vérité, rien n'a changé, sauf votre façon de voir. Chaque nuit, vous voyez le monde extérieur un peu différemment. C'est que votre esprit relie la lumière changeante au paysage de votre monde intérieur actuel. Si vos émotions sont exacerbées, alors les ténèbres ne feront qu'amplifier votre peur la plus intense. Si votre monde intérieur est calme, vous accueillerez la Lune et célébrerez la fraîcheur du silence qu'elle vous apporte. Votre perception de la Lune est intimement liée à la façon que vous vous percevez. »

— Message de la Chouette cendrée

L'obscurité crée un univers très différent du monde éclairé par le soleil. Tout est plus paisible, plus doux, et à cet égard, elle laisse une impression de calme. Chaque nuit possède aussi son propre degré de lumière et d'obscurité, dépendant de la phase de la Lune. Certaines nuits, l'univers nocturne est entièrement éclairé, il se dore dans les rayons de la pleine lune, et les autres nuits, comme pendant une nouvelle Lune, il est sombre puisqu'il est très peu éclairé par sa glorieuse bienfaitrice. Cet univers est complet, avec sa propre métropole cachée et avec ses propres résidents, dont l'un est la chouette cendrée.

Elle ressemble beaucoup aux autres créatures que vous découvrez dans l'obscurité, car elle semble beaucoup plus grande qu'elle ne l'est en réalité. La chouette cendrée est toute en duvet. Tout comme les ombres de la nuit sont plus grandes que les choses qui les projettent, les plumes de la chouette cendrée lui donnent un aspect beaucoup plus volumineux qu'elle ne l'est en réalité. Son squelette est très petit par rapport à l'oiseau entier. C'est vraiment presque une illusion. Mais encore une fois, nous attendrions-nous à moins de la Lune ? Car à bien des égards, la Lune nous relie aux phases de la nature. Elle nous montre quand planter nos semences sous la nouvelle Lune, et quand vérifier leur progrès pendant l'éclairage de la pleine Lune. Et quand récolter ce que nous avons semé pendant le dernier croissant. La chouette nous rappelle que dans la nuit, la plupart des choses semblent plus grandes qu'elles ne le sont, mais pas au point de nous intimider. Comme vous pouvez le constater, elle vole elle-même sous la pleine Lune, vous faisant savoir que vous devez maintenant examiner comment va votre jardin. Vérifier quelles mauvaises herbes doivent être enlevées et ce qui pousse particulièrement bien. Sachez simplement que le temps dont vous disposez pour inspecter votre monde intérieur est éphémère. Car, tout comme la chouette cendrée, dès le lever du soleil, il disparaîtra.

Affaires et carrière

Quelle est le prestige de votre entreprise selon vos clients potentiels ? Si à leurs yeux vous n'êtes pas considéré comme assez important, ils pourraient avoir tendance à requérir les services de quelqu'un d'autre.

Ce pourrait être un excellent moment pour imiter la chouette et prendre de l'expansion. Même si vous êtes seul à porter plusieurs chapeaux dans votre entreprise, vous pourriez laisser l'impression que vous avez une équipe pour vous épauler et ce qu'il faut pour fournir à vos clients potentiels tout ce dont ils ont vraiment besoin.

Famille et relations

Tout comme la lumière de la Lune se modifie, vos relations changent. Et tout comme la Lune traverse un cycle, vos relations le traverseront aussi. Il arrivera parfois qu'une relation se mette à briller afin que tout le monde la voie, et quelquefois non. Parfois, il sera plus important d'être discret, et d'autres fois, vous devrez partager vos rêves avec ceux qui vous entourent. La Lune vous demande de voir où vous vous situez dans ce cycle en ce moment. Est-il vraiment temps de chercher des conseils en dehors de votre relation actuelle, ou est-il temps pour vous deux d'être ensemble, seuls et loin des projecteurs ?

Santé et bien-être

Si la Lune apparaît dans une lecture relative à votre santé, elle vous demande de quoi exactement vous avez peur ? Le fait de nous purifier et de nous guérir ne mène pas nécessairement à une clarification de notre monde intérieur. Pourtant, il est très rare d'entendre des gens dire à quel point tout est obscur et trouble avant de voir la lumière. En ce moment, les choses peuvent paraître sombres et troubles. C'est bien ainsi, car cela signifie que vous avez entamé un processus de purification. Continuez !

Ne vous laissez pas freiner par la crainte de cette nouvelle obscurité. Comprenez qu'il ne s'agit que d'un cycle et continuez d'avancer.

Questions de la carte du jour

- Où dans votre situation actuelle avez-vous besoin de paraître plus important que vous ne l'êtes ?
- Que ressentez-vous au sujet de l'obscurité lorsqu'elle apparaît dans votre vie ?
- Quels aspects de votre monde intérieur refusez-vous de voir ?

Notes:

XIX • Le Soleil/Lémur

« Êtes-vous prêt à vous tenir dans la lumière de votre magnificence ? Est-ce que la lumière vous dérange ou vous attire ? La lumière est intéressante, car tous ne peuvent vivre sous les rayons incandescents du soleil. Je suis le seul de mon espèce qui s'aventure vraiment dans la lumière. Le reste de mes cousins préfèrent l'ombre et se camoufler dans l'obscurité. Pour moi, l'énergie du soleil réchauffe non seulement mon corps, me permettant de vivre, mais mon âme, qu'elle dynamise. À cause de cela, j'honore sa présence chaque jour de ma vie, car il est important d'honorer ce qui nous donne la vie. »

— Message du Lémur

Le lémur est la seule espèce de lémuriens non nocturne. En fait, ce lémurien est si différent de ses cousins qu'il mourrait littéralement sans l'énergie du soleil. S'il existe un maître pour nous apprendre comment exploiter et utiliser le Soleil pour la guérison et la permanence de la vie, c'est bien celui-là. Le lémur s'installe en position de méditation et tourne son visage vers le soleil, se baignant dans sa lumière aussi longtemps que possible. Le soleil lui donne littéralement la vie, car sans cette chaleur, son corps deviendrait si froid qu'il en mourrait. C'est la puissance du Soleil : il donne littéralement une nouvelle vie à tout ce qui l'entoure, à tout ce qui est sous lui et se dore dans sa lumière. Si vous tirez cette carte, elle aura la capacité de guérir les cartes qui l'entourent. Le Soleil transforme systématiquement l'énergie de tout ce qui se trouve en sa présence afin de le rendre lumineux. Mais le Soleil peut aussi brûler, tuer et détruire, car ce n'est rien de plus qu'une boule de feu circonscrite, qui crache son énergie à travers notre galaxie. Heureusement pour vous, le lémur est là pour vous apprendre à affronter cette force imprévisible.

Affaires et carrière

Trop de propriétaires d'entreprise se cachent dans leur bureau pour éviter ceux qui ont besoin d'eux. Alors, dire aux gens de quitter leur bureau et de sortir est une bonne chose, car leur entreprise finirait par disparaître ! Le lémur veut que vous sortiez de l'ombre et que vous laissiez les autres se réchauffer dans la lumière, que seuls vous et votre entreprise pouvez offrir.

Famille et relations

Si vous aviez le moindre doute que votre relation actuelle est bénéfique pour vous, le Soleil est là pour chasser une fois pour toutes ces incertitudes. Le Soleil illumine la voie vers le bonheur, alors laissez entrer la lumière. Ne permettez pas aux peurs ou aux blessures du passé d'assombrir votre situation présente. Au lieu de cela, levez la tête vers le ciel et laissez-vous caresser doucement par le Soleil, car il vous rassure sur les bons moments à venir.

Santé et bien-être

Chez le lémur, il y a une certaine forme d'innocence. Il honore sans réfléchir. Il guérit parce qu'il sait comment, et il ne se formalise pas du temps qu'il doit prendre pour être en bonne santé et heureux. Le lémur fait intuitivement ce qu'il doit faire pour être complet. Pas de caprice, pas de souci, pas de drame. Il se contente d'être ce qu'il est. Il y a beaucoup de sagesse dans cette innocence.

Questions de la carte du jour

- Accueillez-vous la lumière ou craignez-vous ce qu'elle pourrait révéler ?
- Comment faites-vous honneur à ce qui vous nourrit ?
- Notez-vous toutes les choses positives qui se produisent dans votre vie quotidienne ?

XX ✦ Le Jugement/Renne

« Si vous deviez figurer sur une liste pour évaluer si vous êtes une personne gentille ou désagréable, je pense ce serait futile. Car l'univers ne connaît ni le bien ni le mal. Il ne connaît que l'énergie. Vous n'avez pas à attendre que vos dons apparaissent, car ils sont déjà là, à l'intérieur de vous. Tout ce qu'il faut faire, c'est vous accorder assez de valeur pour les voir. Il est important de vous rappeler que ce qui est déjà à l'intérieur de vous ne peut pas vous être enlevé. Ce trésor est là, il a toujours été là, et il y demeurera aussi longtemps que votre énergie existe. »

— Message du Renne

Il y a une éternité, à une époque où on ne faisait qu'un avec l'énergie et le flot naturel de la terre, le renne était considéré comme un animal sacré. Avant que l'agriculture ne devienne un moyen acceptable d'obtenir de la nourriture, le renne nous a montré comment puiser dans l'abondance qui nous entourait. Suivre la voie du renne, c'était s'avancer sur la voie du monde naturel. Mais aujourd'hui, les rennes semblent avoir perdu leur place sacrée dans nos vies quotidiennes. Au lieu de cela, ils appartiennent maintenant aux mythes et aux histoires du bonhomme jovial du Nord, le Père Noël. Même si la majorité d'entre nous n'empruntent plus les sentiers des rennes, le fait de les associer à la distribution des cadeaux ressemble beaucoup à l'expérience de nos ancêtres. Pour le renne, même lorsqu'il tire un traîneau, il demeure toujours un symbole de générosité et de magie.

Ici, dans le monde sacré du renne, personne ne vous juge ou ne vous considère comme indigne. En fait, l'énergie même de la carte du Jugement parle peu du fait d'être jugé et bien plus de la libération. Cette carte vous rappelle que la seule personne qui vous limite et vous diminue, c'est vous-même. Les cadeaux apportés par le renne sont toujours scellés, car vous ne vous êtes pas autorisé à les ouvrir. Ce que vous avez demandé est là pour être pris. Vous n'avez qu'à vous l'approprier et à vous libérer des chaînes qui vous restreignent.

Affaires et carrière

Les affaires constituent sans doute un domaine commun pour juger de notre niveau de réussite en nous comparant à d'autres. C'est facile à vérifier et nous l'avons tous fait à un moment donné, mais cette comparaison risque d'entraîner des conséquences désastreuses sur notre estime personnelle. Sachez simplement que la place que vous occupez en ce moment est exactement celle où vous êtes censé être. Vous n'êtes pas là par erreur. Vous y êtes arrivé grâce à une série de réussites qui n'appartiennent qu'à vous. Alors, cessez de prêter attention à ce que les autres font de mieux et commencez à être plus attentif à vos propres réalisations.

Famille et relations

Si vous pigez la carte du Jugement lors d'un tirage sur vos relations, il vous est demandé de bien examiner le rôle que joue le Jugement dans vos relations actuelles. Êtes-vous la personne qui se sent jugée ? Ou êtes-vous celle qui juge constamment les idées, les sentiments et les gestes des autres ? Quoi qu'il en soit, il est temps de vous libérer une fois pour toutes de ce cycle néfaste.

Santé et bien-être

Quoi que vous fassiez, ne vous comparez à personne d'autre. Peu importe où vous vous situez sur la voie de la guérison, la tentation de vous comparer aux autres sera toujours grande.

Ne le faites pas. Votre corps physique est unique ; il ne ressemble à aucun autre. Donc, ce qui est bon pour autrui n'est pas nécessairement bon pour vous. Au lieu de cela, appropriez-vous l'énergie du renne, ainsi votre corps retrouvera son état naturel de bien-être et de santé.

Questions de la carte du jour

- Quel cadeau unique avez-vous négligé d'ouvrir ?
- Quel rôle joue la comparaison dans votre situation actuelle ?
- Que signifie pour vous la libération ?

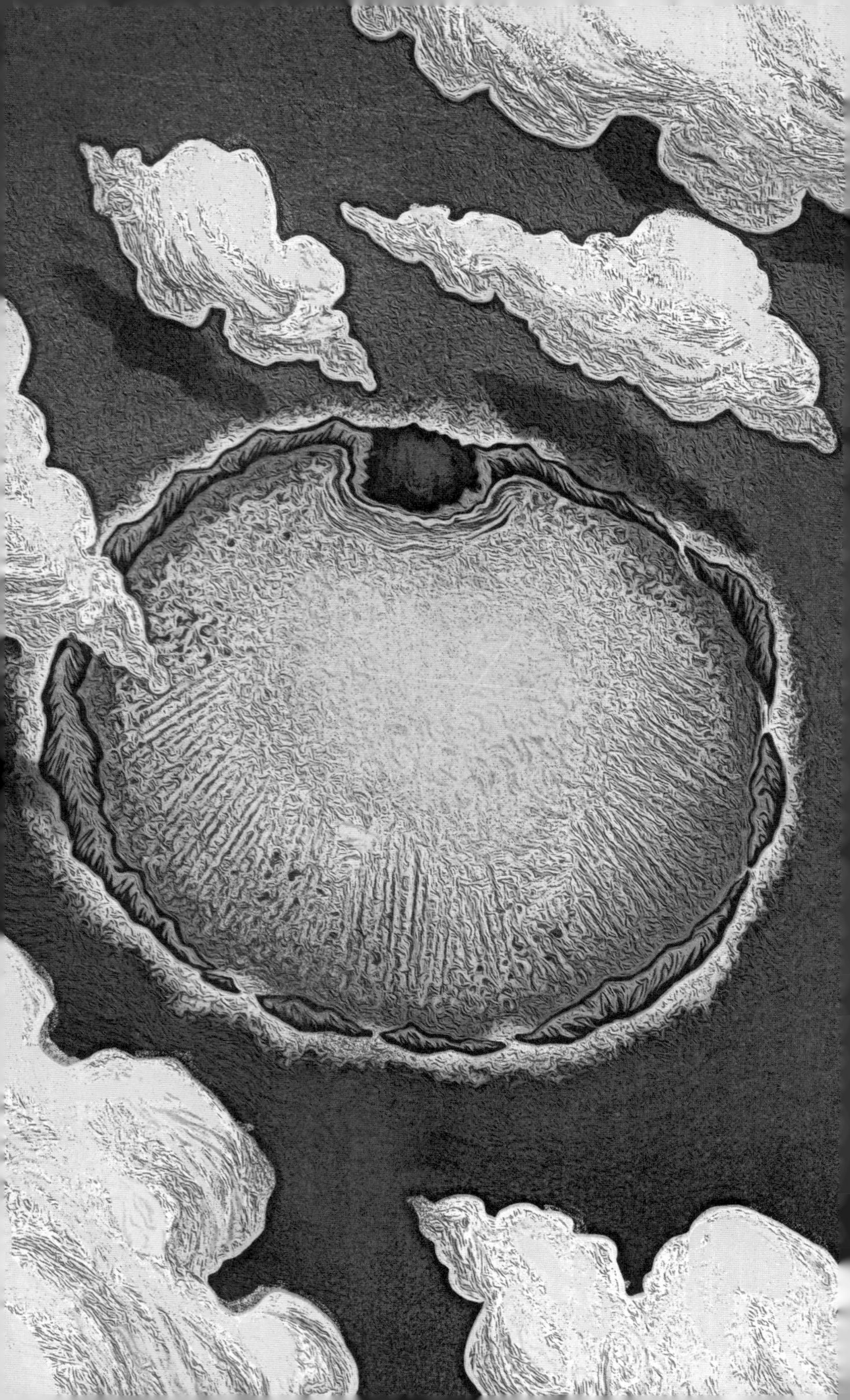

XXI • Le Monde/Atoll

« Connaissez-vous les conditions nécessaires pour créer un nouveau monde prospère? Il existe une liste d'ingrédients spéciaux et tout doit être réuni au même moment. Il est difficile de compléter et de maintenir un écosystème florissant. Mais avec du temps, de la patience et de la persévérance, il est possible d'y arriver. Cependant, si vous manquez ne serait-ce qu'une étape ou un ingrédient, vous n'obtiendrez pas ce qui peut nourrir la vie. Au lieu de cela, vous n'aurez qu'une vision passagère de ce qui aurait pu être. »

— Message de l'Atoll

Les atolls sont fascinants, car ils constituent vraiment un univers complet et prospère. Ils mettent des millions d'années à se développer et si les bons éléments ne sont pas présents, leur croissance est impossible.

Les atolls sont des récifs coralliens qui poussent dans l'énergie des volcans sous-marins. D'abord, le volcan éclate, accumulant de la lave sur le fond marin. Au fur et à mesure que le volcan est en éruption, la lave s'amoncelle et finit par émerger à la surface de l'eau. Le sommet du volcan se transforme alors en une île océanique. L'énergie volcanique des profondeurs, mélangée au soleil au-dessus, fournit les conditions parfaites pour faire émerger des récifs de l'océan.

À cet égard, l'atoll décrit un cycle complet de la création, tout comme la carte du Monde marque la fin du parcours des arcanes majeurs. Le corail est considéré comme un animal et non comme une plante : il croît, se nourrit et meurt. Les coraux qui construisent des récifs se nomment coraux hermatypiques. Ces créatures étonnantes attirent une profusion d'autres vies à élire domicile dans l'univers qu'elles ont créé.

L'atoll symbolise le cheminement complet de la création du monde, tout comme la carte du Monde marque la fin du voyage du Fou. C'est la carte de l'achèvement : quelque chose a pris fin ou doit prendre fin, et ainsi émergent les conditions pour construire un monde nouveau et merveilleux. La fin est aussi un commencement, car lorsqu'un cycle ralentit pour finalement s'éteindre, un autre a déjà commencé et prend de l'ampleur. À l'instar de l'atoll, il y a toujours une nouvelle vie qui attend à la fin du processus de création.

Affaires et carrière

Lorsque vous êtes sur le point de finaliser un de vos projets, êtes-vous en mesure de maintenir votre énergie créative ? L'une des choses que j'ai apprises en affaires, c'est qu'une fois qu'on a rompu le cycle créatif, il est parfois difficile de le relancer. Mais si vous continuez à faire tourner le Monde, pour ainsi dire, vos canaux créatifs resteront ouverts et vous pourrez passer à un autre projet, sans avoir besoin de vous remotiver. Pour garder vos canaux ouverts, entamez un nouveau projet avant d'avoir terminé le précédent.

Famille et relations

La carte du Monde peut représenter l'être entier — *entier* est un autre terme pour dire *complet*. Cette carte vous demande si vous êtes bel et bien présent dans vos relations actuelles. Vous investissez-vous totalement dans celles-ci ? Vous donnez-vous entièrement aux gens que vous croyez aimer ou seulement en partie ? La carte du Monde vous demande de vous investir complètement dans vos relations — d'être entier quand il s'agit du cœur. Alors seulement, les autres seront prêts à vous rendre la pareille.

Santé et bien-être

Si notre univers ressemble au Monde que nous avons en nous, à quoi ressemble le vôtre ? Est-il propre et empreint de beauté, ou est-il sale, sombre et rempli d'aspects peu recommandables ? Si nous pouvions tous apprendre à honorer notre monde intérieur, alors seulement nous pourrions honorer notre planète faite de terre, d'eau et de pierres. L'atoll vous dit que les conditions pour rendre votre monde meilleur sont à l'intérieur de vous.

Questions de la carte du jour

- Si vous deviez créer votre propre monde idéal, à quoi ressemblerait-il ?
- De quelles conditions avez-vous besoin pour créer la vie que vous souhaitez ?
- Quels aspects de votre vie avez-vous enfin conquis ?

Chapitre 6
Les familles royales

Roi de Pentacle/Bison

« Vous vous trouvez à un tournant de votre vie où pour avancer vous devez maîtriser l'ici et le maintenant. À ce point, vous avez tout ce qu'il faut pour vous détacher d'un passé qui ne peut plus vous soutenir ni vous fournir les outils nécessaires pour vous offrir une vie digne d'un roi. Le secret consiste à cesser de regarder autour de vous et apprendre à vous concentrer sur ce qui est en vous. Car ce sont les conditions du paysage intérieur qui déterminent les résultats de votre monde physique extérieur. »

— Message du Bison

Le Roi de Pentacle est le maître des ressources, et le bison d'Amérique est le mieux placé pour utiliser à bon escient toutes ces ressources disponibles. Le bison n'a pas seulement évolué ; il a prospéré dans les conditions les plus difficiles de l'Amérique du Nord, puisqu'on l'a chassé presque jusqu'à l'extinction. De la chaleur torride de l'été aux vents glaciaux sous zéro, le bison a appris à maîtriser les conditions qui lui ont permis de se reproduire, peu importe l'endroit où il s'est implanté. Et c'est l'essence même de la carte du Roi de Pentacle : maîtriser l'ici et le maintenant. Prenez conscience que vous en avez amplement et que vous pouvez facilement obtenir ce dont vous avez besoin quand vous en avez besoin — tout est une question de perspective. Le Roi/Bison exhibe fièrement son prix du Pentacle, vous défiant presque de l'affronter. Les cicatrices sur sa face montrent que la voie qu'il a empruntée n'a pas été facile, car il a dû tenir bon et défendre sa vision à plus d'une occasion. Mais à la fin, le jeu en valait la chandelle. Le Roi peut à présent défendre cette vision avec assez d'ardeur pour la voir se manifester sous une forme physique. Le Roi de Pentacle veut vous pousser à affronter vos peurs, et il peut le faire avec douceur ou avec fermeté. Mais, finalement, le choix vous appartient.

Affaires et carrière

Regardez bien quelles sont vos ressources et assurez-vous d'y inclure vos compétences. La plupart des gens ne se préoccupent vraiment que de l'argent, ce qui est limitatif et trompeur. Tenez compte de vos forces et de celles des personnes qui vous entourent.

Famille et relations

Le bison veut que vous compreniez que les choses ne sont pas toujours faciles, mais qu'elles sont aussi très simples. S'il peut créer de la magie dans les conditions les plus difficiles, vous aussi en êtes capable. L'important, ce n'est pas ce que vous possédez, mais ce que vous croyez être en mesure de réaliser.

Santé et bien-être

Le bison est lié au chakra du troisième œil, le centre d'énergie de la vision intérieure. C'est dans ce troisième œil que vous imaginez ce que vous voulez créer ; c'est là que se trouve la vision de vos objectifs et c'est ainsi que vous donnez vie à vos rêves. Maintenez votre vision, concentrez-vous sur vos objectifs et créez, tout comme le Roi.

Questions de la carte du jour

- Comment pouvez-vous exploiter le talent et le potentiel qui sont à votre disposition ?
- Suivez-vous vraiment toutes les pistes ou avez-vous tendance à paresser et à vous donner des excuses ?
- Si chaque jour en vous levant, vous faisiez un pas de plus pour vous rapprocher de votre vision, de votre objectif ou de votre rêve, comment croyez-vous que l'univers répondrait ?

Reine de Pentacle/Cochon

« Il n'y a rien de plus agréable que le soleil sur ma peau et le vent dans mes poils. Avoir du temps pour moi est le meilleur moment dans ce monde sauvage. Pas d'interruption, pas de conversation constante, juste moi et tout ce que je dois faire pour moi-même. C'est pourquoi, pendant mes journées spéciales, vous me trouverez dans des bains de boue. Prendre soin d'elle-même est le meilleur soin qu'une Reine puisse demander. »

— Message du Cochon

L'énergie du cochon a longtemps été associée à la chance en abondance. En Chine, les couples planifient des années à l'avance d'avoir des enfants pendant l'année du Cochon. Dans la culture celtique, le porc, ou cochon, est considéré comme de bon augure. Peu importe comment vous tranchez le bacon, le porc est synonyme de chance, et il le sait, ce qui explique pourquoi il est toujours le premier à s'offrir du « temps pour soi ». La Reine de Pentacle veut que vous cessiez de chercher des excuses pour justifier pourquoi votre temps n'est pas assez important pour vous. Pourquoi pouvez-vous libérer du temps pour les autres, mais pas pour vous-même ? La suite des Pentacles est associée aux ressources comme le temps, l'argent, l'énergie et la santé. Et ce porcelet sur la carte veut savoir si vous utilisez d'abord ces ressources pour prendre soin de vous-même. Il est important de prendre soin de soi, mais tellement peu d'entre nous le font sur une base régulière. La Reine de Pentacle veut que vous preniez le temps maintenant ! Réservez du temps pour un massage, prenez un jour de congé, offrez-vous de nouvelles chaussures. Bref, à l'instar de votre âme, faites tout ce qui vous donnera l'impression de nager dans l'abondance, et ayez confiance en la bonne fortune du cochon pour vous bénir en retour.

Affaires et carrière

Cette Reine sait comment gérer son argent. Tout comme le cochon, elle sait comment attirer l'argent afin de combler ses propres besoins. La Reine de Pentacle aime jongler avec les affaires et elle est fascinée par les colonnes de chiffres. Elle veut que vous sachiez exactement où se trouve votre argent et où vous l'investissez afin que vous ayez l'assurance que vous aurez toujours ce dont vous avez besoin.

Famille et relations

Si la Reine de Pentacle vous aime, et par là, je veux dire vraiment, alors elle vous offrira le monde à vos pieds. Mais si vous ne la caressez pas dans le sens du poil, elle vous refusera tout ce qu'elle a à offrir. Examinez bien une de vos relations et demandez-vous si vous donnez librement, ou si vous posez des conditions sur ce que vous offrez et quand vous le faites. Car cette énergie affecte l'état actuel de cette relation.

Santé et bien-être

Consacrez-vous vraiment du temps pour vous-même ? Dans ma pratique thérapeutique, il m'arrive si souvent d'entendre toutes sortes d'excuses pour expliquer pourquoi telle personne ne peut pas ou ne veut pas consacrer du temps à sa guérison. Si vos excuses sont plus importantes que votre guérison, alors vous avez un sérieux problème. Heureusement, la Reine de Pentacle est là pour vous montrer une autre voie.

Questions de la carte du jour

- Quand vous accordez-vous ou non du temps pour célébrer vos victoires personnelles ?
- Êtes-vous plus attaché à vos excuses qu'à votre bonheur, votre santé et votre prospérité ?
- À quelle fréquence planifiez-vous sérieusement du temps pour vous ?

Cavalier de Pentacle/Chien de prairie

« Pouvez-vous regarder en face un serpent à sonnettes? Il est important de vérifier la protection de vos limites et de vous assurer que vous n'acceptez de vivre que ce que vous souhaitez vraiment. La paix, l'harmonie et l'abondance ne sont pas des phénomènes accidentels : ils sont la réalisation d'un projet, une étape à la fois. Vous devez savoir ce que vous voulez rapprocher de vous et ce que vous voulez éviter. Savoir fixer ses limites est une forme d'art, et c'en est une que j'ai perfectionnée. »

— Message du Chien de prairie

Tout comme les autres cavaliers, le Cavalier de Pentacle n'aime pas particulièrement s'éloigner de la maison. Pour lui, il n'est pas question d'une grande aventure ni d'une romance reliée à son statut de cavalier. Non, pour ce petit chien de prairie, il s'agit de la protection de son territoire. Son message est clair : avez-vous fixé de bonnes limites, bien sécurisées et les préservez-vous ? Les limites sont importantes et doivent être protégées. Le chien de prairie sait tout cela, car il passe beaucoup de temps à surveiller les limites de sa maison. Il ne craint pas de défendre son territoire et de s'attaquer à tous les visiteurs indésirables, même ceux qui veulent le dévorer. Le Cavalier de Pentacle vous demande de bien connaître votre chemin actuel avant de vous aventurer dans des lieux inconnus. Il vous invite à examiner votre situation présente, voir si elle est sûre et si elle vous procure tout ce dont vous avez besoin actuellement.

Affaires et carrière

Savez-vous exactement où se situent les forces et les faiblesses de votre entreprise ? Si ce n'est pas le cas, ce serait le bon moment pour vous assurer que vous n'avez pas de lacunes ou de points faibles dont pourraient facilement profiter vos concurrents. Consolidez votre entreprise et veillez à ce qu'elle soit invincible.

Famille et relations

Savez-vous comment définir de saines limites dans vos relations avec les autres ? Il peut être facile d'excuser ceux qui franchissent constamment vos limites et s'immiscent dans des aspects de votre vie que vous voulez protéger. Au bout du compte, il vous appartient de garder les autres à distance de votre espace personnel.

Santé et bien-être

Il est maintenant temps de protéger tout le travail de guérison que vous avez réalisé jusqu'à présent. Ne permettez pas aux habitudes malsaines du passé de s'insinuer à nouveau dans votre routine quotidienne. Au lieu de cela, faites un peu comme notre petit cavalier : demeurez attentif à tout ce qui pourrait menacer le nouveau corps que vous êtes en train de créer.

Questions de la carte du jour

- Veillez-vous à protéger vos rêves et vos objectifs ?

- Comment garantissez-vous la sécurité de vos projets actuels ?
- Comment sont vos limites actuelles avec vos proches ?

Valet de Pentacle/Alpaga

« Ma mère dit que toutes les grandes réalisations ont commencé par de petites choses, et que petit n'est pas le contraire de grand — c'est le début. Je sais que je ne suis pas encore assez grand pour être vraiment utile à quelque chose, mais avec le temps, je vaudrai mon pesant d'or. Ne croyez jamais que quelque chose est trop petit pour mériter votre temps et vos efforts, car vous ne savez jamais quel grand miracle il pourrait révéler lorsqu'il aura atteint son plein potentiel. »

— Message de l'Alpaga

Vous rappelez-vous que lorsque vous étiez un petit enfant, vous aviez hâte de grandir et de faire ce que font les adultes ? Notre petit alpaga regarde l'organisation familiale à laquelle il ne peut pas encore participer. Il n'est pas assez grand ou il n'a pas encore l'âge pour pouvoir offrir ses talents — et c'est la leçon du Valet de Pentacle. En ce moment, il vous reste encore à grandir, et c'est une bonne chose. Il est peut-être difficile de devoir attendre pour réaliser ce que vous souhaitez si désespérément, mais dans la suite des Pentacles, le temps est en fait un allié. En ce moment, si vous précipitez les choses, vous risquez de réduire à néant vos espoirs et de ruiner les résultats du processus. Il est maintenant temps d'apprendre ce qui doit être appris et d'écouter ce qui doit être dit. Ne vous précipitez pas, car vous finiriez par le payer cher. Écoutez la leçon de l'alpaga et profitez de votre situation actuelle. Savourez cette étape tout en explorant ce que cette situation peut vous offrir actuellement. Il y a beaucoup de choses à découvrir là où vous êtes, mais si vous vous concentrez seulement sur ce que vous aimeriez qu'il arrive, vous vous priverez de la magie que vous pourriez recevoir.

Affaires et carrière

Essayez-vous de précipiter la réalisation d'une nouvelle idée lucrative ou d'une autre source de revenus ? Si c'est le cas, sachez que vous avez encore beaucoup à faire avant de permettre à cette idée ou à ce projet de se concrétiser.

Ce n'est pas que votre idée ou votre projet soit mauvais. C'est seulement que ce n'est pas le bon moment. Si vous attendez, que vous rassemblez plus d'informations et apportez plus de garanties, vous connaîtrez un meilleur rendement sur votre investissement.

Famille et relations

Ce serait le moment idéal pour ouvrir un nouveau compte d'épargne ou un compte d'investissement commun. L'alpaga dit qu'il est bon de commencer modestement, car toutes les petites choses finissent par prendre de l'ampleur. Planifiez ensemble aujourd'hui afin que l'avenir de votre couple soit en sécurité. Tous les petits pas réunis créeront un grand saut lorsque vous entrerez dans les prochaines années de votre relation.

Santé et bien-être

Notre petit Valet sait quels talents il peut offrir au monde, mais il comprend aussi qu'ils doivent mûrir pour qu'ils soient bénéfiques. Il en va de même pour vous maintenant. Savoir et être sont deux choses totalement différentes. Vous savez ce que vous voulez réaliser, mais vous devez également comprendre que vous n'êtes pas encore prêt, et qu'il faudra plus d'efforts avant de commencer à en sentir les bienfaits.

Questions de la carte du jour

- Quels sont les dons que vous apprenez à développer ?
- Comprenez-vous pourquoi votre objectif ne peut se réaliser dans le délai que vous vous êtes fixé ?
- Avez-vous longtemps reporté l'ouverture d'un compte d'épargne ou de placement ?

Roi de Bâton/Diable de Tasmanie

« Je sais que vous croyez que j'ai l'air innocent, mais ne soyez pas insensé. Je commande le respect et je ne m'attends à rien de moins. Vous feriez mieux d'éprouver une certaine crainte en ma présence, car mes faveurs dépendront du sentiment que vous m'inspirez. Vous voyez, tout dépend de moi. Ce que vous pensez ou ressentez n'a pas d'importance, et si vous gardez ça en tête, nous nous entendrons très bien. »

— Message du Diable de Tasmanie

Dans cette pose, le diable de Tasmanie a l'air parfaitement innocent. Ce diable au repos pourrait nous faire croire que les rumeurs sur son comportement ont beaucoup été exagérées. C'est l'attrait du Roi de Bâton. Mais ne vous laissez pas berner : en une seconde, les choses pourraient changer radicalement. Cette scène paisible pourrait disparaître pour ne laisser que le carnage. Le diable de Tasmanie n'est pas un gentil lapin et ce serait une erreur de penser que vous pourriez vous approcher trop près de cette boule ardente de dents et de griffes acérées. Le Roi de Bâton est prompt à s'emporter. Le diable de Tasmanie incarne vraiment l'inconnu, car ce qui ressemble à une expérience calme, rationnelle et rassurante pourrait finir par se transformer en cauchemar. Ce qui est malheureux, c'est que de toute façon, vous ne le saurez jamais avant d'y arriver. Dans l'action, il y a un risque — parfois, ce risque rapporte des dividendes, d'autres fois non — mais cela ne veut pas dire qu'il faut choisir l'énergie de l'inaction.

Affaires et carrière

Le Roi ne sait que trop bien quels sont les risques d'une démarche motivée uniquement par la passion. Pourtant, il a réussi à maintenir à la fois sa couronne et son état-major, et ce, malgré son audace. Voici une leçon très importante : la confiance est beaucoup plus souvent gagnante que perdante. Si vous voulez quelque chose, il faut partir à sa recherche. Vous devez poser des gestes même si vous risquez d'échouer lamentablement. Vous gagnerez plus en prenant des risques que vous ne pourriez jamais le faire en étant inactif.

Famille et relations

Le diable de Tasmanie fait beaucoup penser à une relation. Certains jours, tout marche sur des roulettes, tout va bien et puis, boum, sans crier gare, les problèmes nous tombent sur la tête. Telle est la nature volatile de ces situations où le feu est l'un des ingrédients actifs. Sachez simplement que ce type d'énergie est éphémère. Ne vous attachez pas aux apparences, attendez cinq minutes, et vous verrez que les choses se sont déjà modifiées.

Santé et bien-être

Le Roi de Bâton est un très mauvais perdant, au point qu'il perd très rarement, voire jamais. C'est l'énergie dont vous avez besoin pour mener à bien cette étape particulière de votre parcours de guérison. Il faut brûler tout ce que vous avez laissé derrière afin qu'il ne subsiste aucune chance de retour. Ainsi, vous pourrez décider avec clarté ce que vous voulez accomplir.

Questions de la carte du jour

- Dans quel domaine avez-vous besoin de retrouver votre confiance ?
- Comment laissez-vous les autres imposer les conditions de votre expérience personnelle ?
- Quelle action avez-vous reportée parce que vous craignez le niveau de risque ?

Reine de Bâton/Lionne

« Qu'est-ce que l'échec ? Ce n'est rien de plus que le fait d'essayer et d'essayer à nouveau jusqu'à ce que vous obteniez le résultat souhaité. Ce n'est pas la conclusion, la fin ou une raison d'abandonner. Nous sommes tous confrontés à l'échec, en fait nous échouons plus souvent que nous ne réussissons, mais pour atteindre notre but, il faut continuer à essayer. Peu importe le nombre de fois qu'il faudra et peu importe votre épuisement. L'enjeu n'est pas le temps que vous investissez ni les tentatives que vous avez réussies, mais ce que vous ressentez lorsque vous atteignez enfin votre cible. »

— Message de la Lionne

La Reine de Bâton a une propension à la rapidité et à l'agilité. Elle agit vite et en général, elle ne ralentit pas avant d'avoir terminé sa tâche. La lionne ne peut pas revenir trop souvent bredouille, car à ses propres yeux, la quantité de nourriture qu'elle peut rapporter est une question de fierté. La Reine doit donc faire bouger les choses, car l'heure n'est pas à la procrastination. Pour la lionne, sa vie même dépend de sa capacité à se lever et à se mettre en route, peu importe les circonstances.

C'est pour cela que la Reine de Bâton vous exhorte à terminer vos projets et à cesser de procrastiner. Elle vous bouscule et vous dit qu'il est temps de vous mettre en route. Ne vous laissez pas berner par son attitude calme et détendue, car tous ses sens sont aux aguets et elle est très consciente de son environnement. Ainsi, elle sait quand et où elle devra se décider à agir. Par l'intermédiaire de la Reine de Bâton, l'énergie du feu illumine le monde qui l'entoure, lui rappelant que tout est vivant et débordant d'énergie.

Affaires et carrière

Lorsque la Reine de Bâton débarque dans vos affaires, comprenez que vous ne dormirez pas de sitôt. L'action est l'élément clé qui la caractérise et elle veut que tout se fasse, idéalement pour hier. Les bonnes occasions n'attendront pas le réveil de la Belle au bois dormant, alors soyez prêt à bondir si une personne ou une chose inespérée traverse votre chemin.

Famille et relations

Pour cette Reine, c'est la passion qui l'emporte. Elle se passionne pour tout ce qui est dans sa vie, en particulier pour ceux qu'elle aime. Il est donc essentiel que vous soyez disposé et déterminé en ce moment. N'attendez pas que votre entourage vous dise comment jouer votre rôle dans une de vos relations. Au lieu de cela, agissez avec franchise et confiance et prenez la situation en main.

Santé et bien-être

Vous remarquerez peut-être que cette carte semble baigner dans une teinte magenta, un rappel que cette Reine, comme toutes les autres Reines du tarot, est reliée à l'Impératrice. Elle représente l'amour et la générosité et, par nature, c'est une nourricière. Lorsqu'il y a une accalmie dans ses nobles responsabilités, la Reine prend le temps de s'occuper d'elle, ainsi elle se donne l'espace nécessaire pour se détendre et profiter de la vie. Elle vous demande de suivre son exemple et d'accorder du repos à votre corps entre deux activités de guérison.

Questions de la carte du jour

- De quelle manière pouvez-vous prendre l'initiative aujourd'hui ?
- Où avez-vous besoin d'apporter plus de feu et d'énergie dans votre vie ?
- Que signifie pour vous vivre avec passion ?

Cavalier de Bâton/Autruche

« Ne laissez pas autrui échafauder des mythes, des histoires et des croyances à votre sujet. Soyez ferme et faites entendre vos opinions et vos idées personnelles. Faites savoir aux autres que vous n'êtes pas un joueur passif et que vos idées et vos sentiments ont de l'importance. Ayez les pieds bien sur terre et défendez tout ce que vous souhaitez créer et expérimenter. »

— Message de l'Autruche

L'autruche est surtout connue pour quelque chose qu'elle ne fait même pas : s'enfoncer la tête dans le sable. En fait, elle place sa tête entre les jambes pour ressembler à un buisson ou un arbuste, afin de confondre les possibles prédateurs ou menaces. C'est donc la tête près du sol que l'autruche peut mieux déterminer la meilleure porte de sortie, juste au cas où elle en aurait besoin. Cette incompréhension du comportement de l'autruche a conduit à des mythes erronés voulant qu'elle soit lâche, ou qu'elle vive dans un monde imaginaire, la tête coincée dans le sable. Il est temps de rectifier cette histoire. Le Cavalier de Bâton est puissant, confiant et implacable envers ceux qui se placent en travers de son chemin. Vous savez, les pattes d'une autruche sont redoutables, donc il vaut mieux ne pas chercher à se quereller avec ce Cavalier. Beaucoup le sous-estiment et peu le comprennent. Mais sachez qu'avec ce Cavalier à vos côtés, vous pouvez être assuré que vos rêves seront solidement ancrés et protégés jusqu'à la mort.

Affaires et carrière

La puissance d'une autruche se situe dans ses pattes, ce qui signifie qu'elle sait que sa base est solide et fiable. Pouvez-vous dire la même chose de l'état actuel de votre entreprise ? Si ce n'est pas le cas, il serait temps de relever la tête et de travailler à la création d'une base solide, à partir de laquelle vos idées les plus novatrices pourront voir le jour.

Famille et relations

Le Cavalier de Bâton se déplace rapidement et avec une grande force. Mais avant d'avancer, il a un projet — une stratégie, si vous voulez — pour la meilleure direction à prendre. Si votre relation est prête à entrer dans une nouvelle phase, assurez-vous d'avoir un plan. Ne passez pas à l'action sans considérer toutes les possibilités de vous développer en couple.

Santé et bien-être

À quel point votre santé est-elle bonne ces temps-ci ? Êtes-vous parfaitement honnête au sujet de votre état de bien-être, ou est-ce le moment d'y regarder de plus près ? L'autruche ne sait que trop bien que pour envoyer de l'énergie là où c'est nécessaire, vous devez d'abord vous centrer et examiner toutes vos options.

Questions de la carte du jour

- Agissez-vous avec confiance et contrôle ou réagissez-vous surtout à l'énergie qui vous entoure ?
- Quelle est la solidité de votre fondation actuellement ?

- Tirez-vous votre pouvoir de la terre afin d'être vraiment en mesure de manifester tout ce que vous désirez ?

Valet de Bâton/Salamandre

« Afin de puiser dans l'énergie de l'inspiration, vous devez vous relier à votre centre créatif. En retour, ce centre allumera en vous la flamme qui attend de brûler ardemment. Toutefois, le moment n'est pas encore propice pour maîtriser votre art : c'est un moment d'expérimentation et de plaisir. Apprenez tant que vous le pouvez et ne vous souciez pas de le faire de la bonne ou de la mauvaise façon. »

— Message de la Salamandre

Dans la suite des Bâtons du jeu traditionnel de Ride-Waite, on aperçoit la salamandre en compagnie des cartes de la Cour, ce qui est intéressant, car la salamandre a un rapport étroit avec l'eau. Pourtant avec les Bâtons, il s'agit de danser avec le feu. La salamandre est un amphibien qui doit demeurer près de l'eau pour que sa peau reste humide en tout temps, sinon elle risque de mourir d'asphyxie. C'est la clé pour comprendre l'énergie de la suite des Bâtons et le nouveau voyage que représente notre petit Valet. Son propre feu peut être destructeur, mais si nous savons comment équilibrer cet effet avec l'eau, nous pouvons l'empêcher de nous dévaster. Le Valet de Bâton vous informe que les nouvelles expériences ou aventures sont plus proches que vous ne le pensez. Mais comprenez qu'elles pourraient vous accabler et vous brûler si vous ne préservez pas la circulation vitale de l'eau.

Affaires et carrière

L'inspiration créative peut être à la fois addictive et séduisante pour les néophytes. Il faut donc prendre votre temps, ne pas vous précipiter et vous permettre de bien ressentir le frisson de cette nouvelle énergie. Il faut du temps pour apprendre à utiliser et exploiter votre potentiel créatif, alors soyez patient avec vous-même et acceptez que les erreurs font partie du processus.

Famille et relations

Dire que vous avez encore des choses à apprendre sur la passion serait un euphémisme. Pour que la flamme continue à brûler, il faut deux personnes — non pas une seule — alors n'oubliez pas de demander à votre partenaire si ce que vous faites suscite autant d'excitation pour lui que pour vous.

Santé et bien-être

Le Valet de Bâton est un rappel que vous venez de débuter ce voyage. C'est votre première étape, et vous avez encore un long chemin à parcourir et beaucoup à apprendre. Alors, soyez patient. Rien n'est jamais créé du jour au lendemain, il faut donc éviter de vous brûler les ailes avant même d'avoir commencé.

Questions de la carte du jour

- Quel nouveau parcours créatif êtes-vous en train d'entreprendre ?
- Comment vous et votre partenaire définissez-vous la passion partagée ?

- Savez-vous quand il est temps d'arrêter afin de vous reposer de vos activités créatives ?

Roi de Coupe/Castor

« Saviez-vous que ce que vous créez grâce à vos talents peut littéralement modifier votre environnement ? Il vous suffit de croire que vos dons ne profitent pas seulement à vous-même, mais qu'ils vous ont été accordés pour servir ceux qui vous entourent. C'est en jouant activement le rôle qui vous a été assigné que vous saurez vraiment l'impact que vos talents ont sur autrui. »

— Message du Castor

Non seulement le castor a la capacité de transformer le paysage qui l'entoure, mais il est aussi capable de créer un tout nouveau système écologique. Tout cela uniquement en faisant ce pour quoi il a été créé : démanteler et construire des barrages. Avant que les loups ne soient réintroduits dans le Parc national de Yellowstone, les castors étaient tous partis, mais maintenant que les loups sont de retour, les castors sont aussi revenus.

Avec le retour des castors, l'eau coule maintenant dans certains endroits pour la première fois et la vie a changé le long des voies d'eau du Parc national. Le Roi de Coupe est un maître du monde aquatique. Il sait comment exploiter et canaliser l'énergie de l'eau pour créer tout ce qu'il veut. Cette maîtrise signifie qu'il ne laisse jamais ses émotions le faire dévier de ses objectifs. Au contraire, il sait comment les utiliser à son avantage, tant et si bien qu'il doit se réfréner avant d'aller trop loin et de commencer à manipuler ceux qui l'entourent.

Affaires et carrière

Le Roi de Coupe vous demande si vos émotions distraient ou gênent votre entreprise ou si elles font avancer doucement les choses dans le sens que vous souhaitez. Il est facile de laisser les peurs envahir vos affaires quotidiennes, mais n'oubliez pas que ces émotions néfastes finissent par vous coûter cher à long terme.

Famille et relations

Le castor vous demande d'examiner le rôle que joue l'eau dans vos relations actuelles. Les eaux émotionnelles de vos relations coulent-elles naturellement ou les manipulez-vous pour votre avantage personnel ? Il est facile pour le Roi de Coupe d'obtenir ce qu'il veut, mais il comprend aussi que c'est sa tâche d'honorer toutes les personnes concernées, non pas seulement lui-même.

Santé et bien-être

Quelles sont vos habitudes de consommation d'alcool ? Cette question peut sembler étrange, mais j'ai vu le Roi de Coupe apparaître dans un tirage chaque fois qu'un alcoolique était impliqué. Le castor a besoin d'eau propre et saine pour sa santé et son bien-être, de même que pour son environnement — et vous aussi. Surveillez les liquides que vous consommez et assurez-vous de ne pas polluer les eaux vitales qui vous sont nécessaires pour prospérer.

Questions de la carte du jour

- Pourriez-vous affirmer que vous êtes maître de vos émotions ou est-ce l'inverse ?

- Où avez-vous besoin de rediriger le flux d'énergie dans votre vie ?
- Comment pouvez-vous apporter un nouveau souffle à votre maison ou à votre bureau actuellement ?

Reine de Coupe/Orignal

« Peu de gens savent que je sais nager, mais c'est sous l'eau que j'aime me retrouver. Les plantes y sont plus fraîches et mon corps subit moins de stress ; c'est comme si le temps s'était arrêté. Les choses sont aussi plus calmes sous l'eau et je sens que je peux me recentrer et avoir les idées plus claires. Mais il faut faire attention à ne pas glisser ou à se laisser emporter par le courant, car sous l'eau, tout peut changer très rapidement. »

— Message de l'Orignal

Saviez-vous que l'orignal pouvait nager ? Je n'en avais aucune idée jusqu'à ce que je fasse des recherches plus approfondies pour ce jeu. Je savais que l'orignal était lié à la déesse, représentant les aspects du féminin divin dans les mythes et les légendes, mais j'ignorais qu'il aimait se retrouver sous l'eau. L'orignal va plonger au fond de la rivière pour atteindre les plantes les plus vertes et les plus fraîches, et il ne craint pas de s'enfoncer profondément.

La Reine de Coupe n'aime pas vivre en surface : elle ira aussi loin qu'elle le doit pour affronter ses émotions. Elle utilisera également tous les courants pour retrouver son flux naturel. Cette Reine sait fort bien qu'on ne peut rien accomplir en demeurant à la surface, là où l'eau est perçue comme la plus sûre. Cette Reine vous demande de courir un certain risque et de vous lancer, même si l'eau est profonde. Elle sait qu'on peut trouver les choses les plus incroyables dans les profondeurs, que les autres craignent d'explorer.

Affaires et carrière

Il est temps de plonger et d'aller plus loin dans votre entreprise, car rester à la surface risque de vous coûter cher à long terme. Il est maintenant temps d'établir un contact plus centré sur le cœur avec vos clients et les membres de votre équipe. Si vous prenez soin de votre réseau d'affaires, alors un flot d'énergie positive vous sera rendu au centuple.

Famille et relations

La Reine de Coupe est une nourricière, elle adore s'occuper des autres et elle est toujours prête à participer à des repas de fête. Ce qu'elle aime le mieux, c'est de rassembler les gens. Il faut donc éviter d'afficher vos préférences, car cela nuirait à l'énergie que vous souhaitez développer.

Santé et bien-être

Cette carte vous demande si vous buvez assez d'eau et consommez suffisamment de légumes verts. Le régime de l'orignal est important, alors faites attention à la quantité de végétaux que vous mangez. Vous ne serez utile à personne si vous ne vous occupez pas d'abord de vos propres besoins physiques, émotionnels et spirituels.

Questions de la carte du jour

- Pouvez-vous puiser dans les aspects les plus profonds de votre être ?

- Comment prenez-vous soin de vos propres besoins émotionnels ?
- Comment pourriez-vous apporter plus de soin à votre situation actuelle ?

Cavalier de Coupe/Fou à pieds bleus

« Regardez mes pieds et je danserai pour vous. Je veux que vous compreniez que je suis un amoureux, pas un combattant, alors ne vous laissez pas tromper par mon attirail de chevalerie. Je préférerais danser avec vous plutôt que de vous causer du tort. Regardez bien mes pieds et je sais que tôt ou tard vous viendrez à mes côtés et nous écouterons le bruit des vagues, tout en nous perdant dans les yeux l'un de l'autre. Car la quête la plus risquée de toutes est celle du cœur. »

— Message du Fou à pieds bleus

Le Cavalier de Coupe est un romantique. Alors que les autres Cavaliers défendent le royaume, celui-ci écrit de la poésie et fait sa toilette. Le fou à pieds bleus est un oiseau plutôt intéressant : c'est dans ses pieds que réside toute sa magie ! En fait, c'est l'intensité de la couleur de ses pieds qui déterminera si cet oiseau va trouver la partenaire qui lui convient ou non. Si ses pieds sont d'un beau bleu vif, alors les dames se pâmeront devant lui, mais si ses pieds sont pâles, il vaudrait mieux qu'il oublie cela. Ce Cavalier de Coupe préfère rêver qu'agir et il aime contempler les choses, comme la couleur de ses pieds, ce qui l'empêche de faire face au monde difficile qui l'entoure. En théorie, il sait exactement ce qu'il est censé faire, mais mettre la théorie en pratique, eh bien, c'est une autre histoire.

Affaires et carrière

Si le Roi de Coupe fait son apparition dans un tirage où il est question d'affaires, il y a de fortes chances que vous passiez trop de temps à rêver de votre entreprise idéale et pas assez pour vous mettre à la recherche des clients dont vous avez besoin pour que ce rêve devienne réalité. Il faut commencer à agir comme il se doit pour que votre vœu puisse enfin se réaliser.

Famille et relations

Ce petit oiseau aquatique n'est qu'amour. Il danse, il se fait beau et fait tout pour être au mieux de son apparence devant ses partenaires potentielles. Est-ce votre cas ?

Il est peut-être temps d'utiliser votre charme et de montrer à votre partenaire, ou à un partenaire potentiel, que vous êtes aussi romantique. Il est temps pour vous de faire la cour, alors que la danse de l'amour commence.

Santé et bien-être

Les pieds du fou à pieds bleus sont importants, car ils indiquent à quel point l'oiseau a une bonne ou une piètre santé. Fait intéressant, les pieds humains ont la même propriété. Alors, que vous disent vos pieds sur votre état de santé ? Sont-ils fissurés, endoloris, enflés ou douloureux ? Ou sont-ils lisses, souples et forts ? Vos pieds peuvent vous en dire beaucoup, mais il vous faut d'abord poser la question.

Questions de la carte du jour

- Vous trouvez-vous souvent perdu dans votre monde imaginaire ?

- Quelles tâches importantes devez-vous accomplir ?
- Comment pouvez-vous apporter plus de romance dans votre vie ?

Valet de Coupe/Phoque

« Bonjour, je suis un phoque et j'apprécie de longues promenades sur la plage, les couchers de soleil et trouver de nouveaux amis. Voulez-vous être mon ami ? Il y a tellement de choses à explorer le long de la plage, comme des algues, des coquillages, du poisson — oh miam — du poisson ! Et il y a des créatures à deux pattes à l'allure intéressante qui se rassemblent sur le sable. Il y a de la magie tout autour et j'aime explorer de nouvelles choses qui brillent. C'est comme si mon monde se recréait continuellement, et je le vois toujours avec de nouveaux yeux. Et vous ? »

— Message du Phoque

Le Valet de Coupe est le plus jeune membre de la famille royale de cette suite. Ludique, créatif et imaginatif, ce petit Valet s'amuse avec le mystère, comme s'il voyait le monde à travers une vague. Ses manières innocentes nous invitent à baisser la garde et à profiter du moment présent. L'énergie de ce Valet est douce et non intrusive, ce qui signifie que vous pouvez facilement le manquer si vous ne faites pas attention. Lors d'une promenade le long de la plage, j'ai failli rater un phoque. J'ai fini par le remarquer parce que je sentais quelqu'un qui marchait — ou plus précisément, nageait — à côté de moi. Le phoque à l'intérieur de la houle d'une vague, et moi avec mes pieds nus sur le sable. Deux compagnons de marche explorant deux expériences totalement différentes du littoral. Le rivage joue un rôle important dans cette carte, car il symbolise l'endroit où se rencontrent l'esprit et la physicalité. En d'autres termes, l'intersection de l'intuition et de la logique. Le mélange de l'eau et de la terre crée de la boue, ou dans ce cas, du sable humide. Savez-vous ce que vous pouvez faire avec du sable mouillé ? Construire des châteaux de sable, bien sûr !

Mais encore une fois, si vous ne prenez pas le temps de vous engager, vous ne remarquerez pas les matériaux dont vous avez besoin pour construire le château que vous désirez tant. Sans compter que vous pourriez très bien manquer les personnes qui sont prêtes à partager l'expérience avec vous.

Affaires et carrière

Il est temps d'apporter une énergie fraîche et créative dans votre travail. Si cette carte apparaît dans un tirage sur les affaires, il y a de fortes chances que vous soyez coincé dans une ornière. Il est temps de mettre fin à vos idées et habitudes désuètes. À la place, essayez quelque chose de nouveau et ne craignez pas de demander à quelqu'un de plus jeune s'il croit que vos idées sont inspirantes et rafraîchissantes.

Famille et relations

Se divertir est une bonne chose. Trouver des compagnons de jeu est encore mieux. Le phoque en a trouvé un très inhabituel (moi), de façon originale (lui à l'intérieur d'une vague et moi sur la plage). Il se peut que vous ne soyez pas assez créatif pour vous trouver de nouvelles personnes amusantes. Il est temps d'élargir votre cercle social et d'y inclure des personnes plus jeunes et divertissantes. Qu'avez-vous à perdre ?

Santé et bien-être

Il est vrai que lorsque votre santé est meilleure, vous vous sentez plus jeune et plus dynamique. La jeunesse n'est pas tant une question d'âge que d'énergie. Si vous n'avez pas suffisamment d'énergie, vous n'aurez pas envie de vous amuser. Mangez légèrement, évitez les aliments gras et lourds, et rehaussez votre niveau d'énergie suffisamment pour vous sentir léger et revigoré.

Questions de la carte du jour

- Comment pouvez-vous insuffler plus d'énergie dans votre routine quotidienne ?
- Où pouvez-vous rencontrer des gens intéressants, différents et nouveaux ?
- Que faut-il pour que vous baissiez la garde ?

Roi d'Épée/Aigle

« Avez-vous déjà remarqué que plus vous montez en altitude, moins il y a de choses à voir ? Moins d'oxygène, moins de bruit, moins de verdure, moins de distractions, en fait, moins de tout. D'une certaine façon, ici, au-dessus d'un amoncellement d'objets qui brillent, la hauteur donne un espace pour communier avec toute chose. Ainsi, on peut se libérer de ce qui a peu ou pas d'importance et se concentrer sur ce dont on a vraiment besoin pour prospérer dans cet espace-temps encombré. En effet, plus vous montez, plus tout se raréfie, mais c'est dans ce vide que sera révélée la véritable richesse de votre moi divin. »

— Message de l'Aigle

Le Roi d'Épée se trouve au sommet du monde, et de là, le monde semble stérile — pourtant les apparences peuvent être trompeuses. Pour maîtriser l'énergie du Roi, il faut apprendre à calmer notre esprit et à renoncer à ce qui n'est pas essentiel ; car on devrait simplement se concentrer sur une chose à la fois. Du haut du sommet des montagnes, il est facile pour l'aigle de se concentrer sur son moment présent. Là où l'air se fait rare, le temps s'arrête. Les nuages bloquent le soleil, il n'existe donc aucun moyen de distinguer la nuit du jour. C'est une bonne chose, car pour l'esprit il s'agit d'une obsession, ou plutôt d'une distraction de moins. Le Roi d'Épée sait qu'une fois qu'il aura les idées claires et qu'une décision sera prise, il devra redescendre vers la Terre, puisque ce séjour en hauteur n'est que temporaire.

Cette carte nous dit de sauter avec assurance, clarté et précision. Sachant que peu importent les événements, vous avez la possibilité de changer de cap, de vous frayer un chemin à travers tous les obstacles et de finir par atteindre votre cible sans effort. C'est l'objectif évident du Roi et c'est l'énergie motrice de l'aigle.

Affaires et carrière

Du sommet de la montagne, pouvez-vous enfin voir toutes les occasions qui se sont présentées pour attirer votre attention, mais en vain ? Sinon, continuez à vous éloigner du bruit autant que possible, car vous êtes passé à côté de quelque chose que vous cherchiez désespérément.

Famille et relations

Le Roi d'Épée est un chef. C'est son travail de voir les choses que les autres ne remarquent pas et de demeurer suffisamment concentré là où les autres se laissent distraire. C'est l'énergie dont vous avez besoin pour évoluer dans votre relation actuelle. C'est à vous de rester concentré sur la situation dans son ensemble, car ceux qui vous entourent semblent vivre des difficultés.

Santé et bien-être

L'aigle sait qu'il ne peut pas rester là où l'air est éternellement rare, et il doit finir par redescendre là où sa vie se déroule réellement. On peut dire la même chose de ceux qui passent plus de temps dans leur tête que dans leur vie physique. Votre santé n'est pas une quête mentale ; c'est une activité pleinement fonctionnelle qui exige une totale présence de tout votre être.

Questions de la carte du jour

- Entendez-vous la véritable voix de votre âme dans le vent et sentez-vous le soutien de la terre à travers les rochers ?
- Dans quel aspect de votre vie avez-vous besoin de modifier votre point de vue, afin d'avoir une idée plus claire de ce qui se passe réellement ?
- Comment pouvez-vous aujourd'hui jouer le rôle du Roi d'Épée ?

Reine d'Épée/Louve

« Je sais que je peux être froide lorsqu'il me faut l'être, audacieuse quand je le dois, et aussi directe que possible. Il y a beaucoup à faire et vous devez y arriver. Il y a un temps pour la discussion et un autre pour la prise de décision. La période de discussion est terminée ; il est maintenant temps de prendre une décision et de poursuivre. »

— Message de la Louve

Dans la nature, la prise de décision s'accompagne souvent d'un sentiment d'urgence. Plus il faut de temps pour faire quelque chose, plus la situation peut devenir fatale. La Reine d'Épée vous fait savoir que votre temps est écoulé : c'est maintenant ou jamais. Vous devez prendre son épée pour couper les liens qui vous lient à la procrastination et vous libérer de ce cycle d'inaction. Il est facile pour votre esprit de vous piéger et de vous faire croire que vous disposez de tout votre temps. Mais ce n'est pas le cas et la louve veut s'assurer que vous comprenez vraiment ceci. Afin de vous approprier l'énergie de cette Reine, vous devez sentir l'urgence de votre propre situation. Car tant que vous ne l'aurez pas ressentie, vous ne pourrez plus avancer dans la vie que vous voulez créer.

Affaires et carrière

Les femmes d'affaires doivent souvent canaliser l'énergie de la Reine d'Épée. La force intérieure d'un leadership féminin fort n'est pas toujours facile à adopter, car souvent cela entraîne des étiquettes et des jugements peu flatteurs. Mais ne perdez pas votre temps à vous soucier des perceptions des autres. Accueillez l'énergie de la Reine d'Épée afin de dégager la voie vers la prochaine expansion de votre entreprise.

Famille et relations

Quand il s'agit de surmonter des difficultés, avez-vous un prototype féminin fort pour vous inspirer ? La Reine d'Épée ne supportera aucune tergiversation. Très honnêtement, la louve n'a pas de temps à perdre, et vous non plus. Ne permettez pas à ceux qui vous entourent de continuer à tergiverser. Prenez votre épée et mettez fin à vos différends une fois pour toutes, ainsi vous pourrez aller de l'avant.

Santé et bien-être

La louve sait sans l'ombre d'un doute ce dont elle a besoin pour la soutenir. Elle est déterminée, concentrée et ne se laisse pas distraire. Notez dans ce guide toutes les qualités de cette Reine que vous aimeriez avoir pour atteindre vos objectifs de guérison.

Questions de la carte du jour

- Comment avez-vous fait de vos paroles votre arme de prédilection ?
- Quelle décision urgente avez-vous reportée ?
- Dans quel aspect de votre vie vous faut-il ressembler davantage à cette Reine ?

Notes:

Cavalier d'Épée/Corbeau freux

« Je dois admettre que j'adore l'idée d'une grande aventure. Le problème, c'est qu'une fois sur place, je n'ai jamais envie d'y rester très longtemps. Cet esprit aventureux est à la fois une bénédiction et une malédiction. J'aime l'excitation du voyage, mais la destination elle-même ne m'intéresse pas tellement. Heureusement pour moi, je change rapidement de cap et je suis constamment rappelé à mon nid afin de protéger et de servir les miens. »

— Message du Corbeau freux

Le corbeau freux appartient à la même famille que la corneille et le grand corbeau. On le trouve principalement en Grande-Bretagne et en Europe du Nord, mais pas aux États-Unis. Cet oiseau se distingue des autres membres de son espèce par un plumage moins dense et la base de son bec déplumée. Il est très intelligent et est reconnu pour fabriquer des outils simples à partir d'objets trouvés, pour ainsi recueillir des aliments et construire des nids — des compétences très utiles pour un Cavalier d'Épée réputé pour savoir improviser. Comme les autres membres de leur espèce, les corbeaux, les corneilles et les corbeaux freux nichent en grands groupes au sommet des arbres. Leur sécurité croît avec leur nombre, si bien qu'une colonie est plus facile à protéger qu'un oiseau seul. Comme tous les Cavaliers, ce corbeau freux est à l'affût du danger. C'est son travail de protéger la colonie et de garder ses frontières en sécurité. Ses talents exceptionnels pour fabriquer des outils lui donnent un avantage sur ses prédateurs, car il sait qu'il peut utiliser tous les objets de son environnement pour produire ce dont il a besoin. La rapidité et la clarté d'esprit font partie des atouts de cet oiseau intelligent.

Affaires et carrière

Si vous deviez faire une présentation improvisée à un client potentiel, seriez-vous en mesure d'y arriver ? Seriez-vous capable de penser rapidement et de rassembler ce dont vous avez besoin en très peu de temps ? Ou hésiterez-vous parce que vous êtes incapable d'agir sans un plan clair et réfléchi ? Le corbeau freux n'a pas besoin de plan, il voit rapidement ce qu'il a à sa disposition et il s'en sert à bon escient : une excellente compétence pour les affaires, ne croyez-vous pas ?

Famille et relations

Il y a quelque chose d'excitant à l'idée de partir à la chasse. L'excitation qui provient de quelque chose de nouveau et de légèrement dangereux. Mais que se passe-t-il après la capture ? C'est l'un des problèmes auxquels est confronté ce Cavalier, car il est du genre à remettre sa prise en liberté. Si vous êtes juste là pour le plaisir de l'aventure, peut-être devriez-vous la partager avec la personne que vous poursuivez.

Santé et bien-être

Le Cavalier d'Épée a un réel sens de l'aventure. L'exploration de nouvelles frontières et de nouveaux horizons le passionne, et il est peut-être temps pour vous d'essayer de faire la même chose.

Trouvez une nouvelle destination et allez-y cette semaine ou ce mois-ci. Ne planifiez pas trop, il suffit d'y penser, de l'accomplir et d'en goûter l'expérience. À défaut, le fait d'essayer quelque chose de nouveau peut suffire et cela ne vous fera que du bien.

Questions de la carte du jour

- Êtes-vous constamment sur vos gardes ou êtes-vous prêt à courir des risques pour une nouvelle aventure passionnante ?
- Pouvez-vous improviser rapidement ?
- Parmi vos compétences, lesquelles vous seraient utiles si vous étiez en difficulté ?

Valet d'Épée/Coucou de Californie

« Si je me montre à vous, c'est seulement parce que je veux que vous me voyiez. Mais ne vous y trompez pas : cela ne durera pas éternellement. Je suis simplement là pour vous dévoiler ce que vous avez manqué alors que vous regardiez par terre. J'aimerais vous rappeler que de temps à autre vous devez lever la tête et examiner avec attention ce qui vous entoure. »

— Message du Coucou de Californie

Une des choses que vous remarquerez à propos de cette carte, c'est que la queue du coucou n'est pas complètement visible. C'est délibéré, car le plus souvent, on aperçoit cette petite créature que furtivement ou du coin des yeux. Les Valets de la famille royale transmettent souvent des messages et le Valet d'Épée pourrait signifier un véritable message ou une communication. Qu'il s'agisse d'une brève rencontre, d'une conversation, d'une chanson à la radio ou d'un éclair d'inspiration, soyez assuré que le Valet d'Épée vous envoie un message dont vous avez grandement besoin. Tout comme le coucou de Californie qui est vif comme l'éclair : combien de fois avez-vous eu un pur éclair de génie pour finir par l'oublier quelques instants plus tard ? Le Valet d'Épée veut que vous sachiez que l'information est éphémère et que si vous n'êtes pas attentif, vous risquez de la manquer complètement. À bien des égards, cette carte vous donne un avertissement. Elle vous demande de ne rien ignorer et de trouver les réponses ou les idées que vous cherchez dans chaque chose qui vous entoure.

Affaires et carrière

Avez-vous plein de projets ou d'idées dans votre esprit, mais qui s'évanouissent juste au moment où vous en auriez besoin ? Il est temps de garder près de vous un journal pour consigner vos idées. Notez toutes vos inspirations soudaines, mais n'essayez pas de les comprendre pour l'instant. Au fur et à mesure que vous commencerez à capter chaque brève rencontre avec ce Valet, alors le tableau d'ensemble commencera à apparaître.

Famille et relations

Essayez-vous de prendre les choses de front, mais sans arriver nulle part ? Peut-être serait-il sage d'arrêter ce que vous faites et de vous asseoir, car il est fort probable que vous vous concentrez sur le mauvais sujet. Ce que vous cherchez ne se situe pas en face de vous, mais plutôt dans votre vision périphérique.

Santé et bien-être

Ce Valet se déplace rapidement. Il n'a pas été conçu pour rester immobile et vous non plus. Il est maintenant temps de vous lever et de bouger, car vous n'êtes pas au bon endroit. Levez-vous et changez rapidement de cap.

Questions de la carte du jour

- Quand et comment notez-vous vos éclairs d'inspiration ?
- Dans quel domaine de votre vie avez-vous besoin de changer rapidement de direction ?

- Comment pouvez-vous mieux capter les messages qui vous sont envoyés de l'univers ?

Chapitre 7

Les arcanes mineurs

As de Coupe/Martin-pêcheur

« Il existe beaucoup d'endroits par où vous pouvez accéder à la rivière. Mais c'est ici que vous trouverez le meilleur point d'entrée. Non seulement l'eau est calme et accueillante, mais elle offre tout ce dont vous pourriez rêver. C'est pourquoi chaque printemps, je reviens sur les rives de cette rivière féconde et je bois dans sa coupe remplie à ras bord. »

— Message du Martin-pêcheur

L'As de Coupe est le calice qui déborde de possibilités. Cette effusion de potentiel créatif vous offre un lieu de rêve, de guérison et de création. Le martin-pêcheur est au sommet de cette énergie, ce qui vous permet de comprendre qu'ici, vous êtes en sécurité sous sa garde lorsque vous vous permettez d'être ouvert et vulnérable. Laissez les eaux du calice s'écouler autour de vous et en vous.

Ici, dans l'eau vivifiante de l'As de Coupe, tout est possible. La coupe elle-même semble incapable de contenir la débordante générosité des eaux. C'est l'une des leçons de la Coupe : l'approvisionnement est illimité et vous pouvez revenir tant que vous le souhaitez pour vous régénérer, vous guérir et vous libérer de vos émotions. Le martin-pêcheur retourne dans les rivières au printemps et son arrivée est une source de célébration. Le retour du martin-pêcheur dans votre rivière personnelle est de bon augure. Alors, allez-y et partagez avec lui vos souhaits les plus chers et les plus audacieux.

Affaires et carrière

Il est maintenant temps de souscrire pleinement à vos projets créatifs. Toutefois, il est préférable de travailler sur un seul projet à la fois. Alors, lequel vous tente ? La présence du martin-pêcheur est un signe que vous êtes sur la bonne voie, mais il vous faut contenir cette énergie et ne travailler qu'avec ce dont vous avez besoin. Ne vous laissez pas happer par le flot créatif, et attention de ne pas déraper, ce qui pourrait se produire si vous essayez de prendre plus que ce dont vous avez besoin dans la rivière du martin-pêcheur.

Famille et relations

L'As de Coupe symbolise la coupe de l'amour. Elle déborde de sentiments profonds et sincères et parfois de désirs cachés. Les passions ont tendance à se déchaîner en présence de l'As de Coupe, alors faites attention à ce que vous dites et comment vous le dites. Rien ne bloque davantage l'effusion de l'amour que les mauvaises paroles prononcées au mauvais moment, sur le mauvais ton.

Santé et bien-être

Ici, sur les rives de la rivière, vous avez la possibilité d'y plonger afin de purifier votre âme. Vous pourrez y engloutir vos blessures passées et laver vos souffrances émotionnelles dans l'eau de guérison. Libérez-vous de vos peurs et abandonnez-vous au doux courant en vous purgeant du passé, puis sortez de la rivière régénéré et prêt pour la nouveauté.

Questions de la carte du jour

- Quel projet créatif vous tient particulièrement à cœur ?
- Où vous sentez-vous émotionnellement bloqué ?
- Comment gérez-vous vos excès ?

Deux de Coupe/Bernard-l'ermite

« S'il y a bien un couple bizarre, c'est nous, le bernard-l'ermite et l'anémone. Nous ne semblons pas faits pour être ensemble, mais vous nous trouverez sur de nombreux récifs coralliens ou dans des aquariums. En fait, nous ne pouvons pas imaginer être mieux ailleurs que dans les profondeurs de l'océan. Amis jusqu'à la fin. »

— Message du Bernard-l'ermite

Le Deux de Coupe est souvent désigné comme la carte de l'amitié ou du partenariat, et vous ne trouverez pas de meilleure association que celle de notre ami le bernard-l'ermite et de son anémone de mer. Ces deux-là resteront ensemble aussi longtemps que possible ; ils sont littéralement des compagnons de voyage. L'anémone vit sur le dessus de la carapace du bernard-l'ermite et celui-ci va déplacer sa copine d'une coquille à l'autre, ou dans ce cas, d'une coupe à l'autre, tandis qu'il poursuit ses fouilles. L'anémone protège le bernard-l'ermite en échange d'un abri et d'un voyage gratuits. C'est vraiment un partenariat paradisiaque, même si cela n'a rien à voir avec la romance. Le Deux de Coupe représente des partenariats à la fois personnels et sociaux. Il montre la rencontre de deux énergies pour créer un résultat mutuellement bénéfique. Deux têtes valent mieux qu'une ! Voyez-vous, le bernard-l'ermite et sa compagne de voyage apportent chacun leur contribution : c'est loin d'être un échange à sens unique. Pouvez-vous en dire autant de votre situation actuelle ?

Affaires et carrière

Il est temps d'examiner votre liste de réseautage. Avez-vous créé des échanges mutuellement bénéfiques avec les gens de votre réseau, ou est-ce tout à sens unique ? Le Deux de Coupe vous demande de vous concentrer uniquement sur les partenariats qui profitent vraiment à votre entreprise et de renoncer à ceux qui vous font perdre temps et énergie.

Famille et relations

Le Deux de Coupe vous invite à examiner vos relations actuelles et à voir avec qui vous êtes jumelé. En quoi cette relation est-elle bonne pour vous deux et comment êtes-vous tous les deux au service l'un de l'autre ?

Santé et bien-être

Saviez-vous que la relation que vous avez avec votre corps est la relation la plus longue que vous n'aurez jamais dans ce monde physique ? Alors, comment va cette relation ? Donnez-vous à votre corps tout ce dont il a besoin, ou attendez-vous qu'il fonctionne normalement, comme si cela allait de soi ?

Votre corps est le compagnon de voyage de votre âme. Assurez-vous qu'ils sont tous les deux comblés, en santé et harmonieux.

Questions de la carte du jour

- Si les semblables s'attirent, qui attirez-vous en ce moment ?

- De qui ou de quoi avez-vous besoin pour aller de l'avant ou trouver une solution à votre situation actuelle ?
- À quoi ressemble votre relation idéale ? Décrivez-la de façon détaillée.

Trois de Coupe/Macareux

« Travailler sans cesse, ne jamais jouer, voilà qui fait du macareux un oiseau plutôt ennuyeux. Il doit y avoir un équilibre dans votre vie entre le monde dans lequel vous vivez, le monde dans lequel évolue votre âme et la joie que vous accordez aux deux. C'est pourquoi nous faisons la fête ! Réunissez quelques amis et détendez-vous : il est temps de quitter ce visage sérieux et de ressentir le plaisir de votre parcours terrestre. »

— Message du Macareux

Le macareux est souvent appelé oiseau-moine parce qu'il ressemble étonnamment à un moine qui prie. Cette ressemblance relie cette petite créature amusante au domaine de la spiritualité, plus spécifiquement à la prière. On dit que lorsqu'un macareux agrippe avec ses griffes le bord des falaises rocheuses, il semble être en prière ou en méditation. En baissant la tête vers la mer, il paraît rendre grâce et honorer son espace et le lieu qu'il habite... jusqu'au moment de faire la fête.

Le Trois de Coupe nous rappelle de ne pas tout prendre au sérieux. Oui, le monde dans lequel nous vivons peut parfois être dur, voire cruel. Et parfois, nous devons nous arrêter dans le calme et nous centrer, mais au bout du compte, nous sommes venus dans ce monde pour nous divertir et partager notre joie avec ceux qui nous entourent. Alors, joignez-vous à la fête du macareux, levez votre coupe, et plongez dans cette nouvelle pratique spirituelle appelée plaisir.

Affaires et carrière

Vous souvenez-vous du réseautage social avant l'arrivée d'Internet ? Vous savez, le genre d'endroit où on allait pour rencontrer des gens en personne lors de conférences et d'événements sociaux ? Le Trois de Coupe vous dit que c'est le moment de célébrer le côté humain de votre entreprise. Sortez de votre bureau et partez à la rencontre des autres dans un contexte social concret.

Famille et relations

Il n'y a rien de tel que de réunir ceux que vous aimez et d'honorer ce lien en partageant un repas. Pensez à un BBQ en été, à un souper à l'automne, ou simplement à du temps avec de bons amis à la maison, à rire et à discuter de tous les bons moments que vous avez passés. Cette carte vous dit : « prenez vos chaussures de danse », car il est temps de vous détendre et d'exprimer votre joie avec ceux qui vous entourent.

Santé et bien-être

Le rire provoque l'une des réactions les plus thérapeutiques pour le corps. Il est plus bénéfique pour votre corps, votre esprit et votre âme que toute autre activité à laquelle vous pourriez songer. Si vous avez de la difficulté à trouver du plaisir dans votre processus de guérison, inscrivez-vous à un cours de yoga relaxant, ne regardez que des comédies à la télé, et laissez la guérison faire son travail.

Questions de la carte du jour

- Comment pouvez-vous apporter plus de plaisir dans votre pratique spirituelle quotidienne ?
- Qui dans votre cercle intime devrait être honoré et célébré aujourd'hui ?
- Quelle est votre propre conception de la joie et du bonheur ?

Quatre de Coupe/Pieuvre

« Un trésor ? Quel trésor ? Ce que vous appelez trésor n'est que de la camelote dans mon esprit. Mon univers est jonché de choses qui brillent et scintillent, mais en toute honnêteté, combien de choses brillantes peut-on réellement posséder ? Ce que je cherche est bien davantage et doit m'inspirer à avancer, sinon il ne s'agit que d'une autre distraction qui ne fait que gaspiller mon précieux temps. »

— Message de la Pieuvre

Il est facile de nous ennuyer et de ne pas être touchés par tous les bienfaits qui nous entourent. Tout comme la pieuvre, nous vivons dans un univers de bruits constants et de lumières clignotantes. Il y a toujours quelque chose qui essaie d'attirer notre attention, chaque seconde de chaque jour. Sans cesse, on cherche à nous offrir toutes sortes de babioles inutiles, ou on tente de nous distraire avec des objets clinquants. Il n'est pas surprenant que dans ces tentatives constantes pour attirer notre attention, nous sommes tellement submergés que nous ne faisons plus la différence entre un véritable présent et un objet sans valeur. La pieuvre commune a une courte durée de vie, alors elle a appris à traverser rapidement le chaos que le Quatre de Coupe peut provoquer. La complaisance et la distraction ne servent pas la pieuvre, car elle est toujours consciente que son temps est limité.

Affaires et carrière

Lorsque le Quatre de Coupe apparaît dans un tirage sur les affaires, il se peut qu'il vous avertisse de ne pas accepter des clients ou des projets qui ne vous inspirent pas vraiment. Soyez sélectif, car plus tard vous pourriez finir par regretter votre décision.

Famille et relations

La pieuvre vous rappelle que votre temps sur terre est de courte durée : ne le gaspillez pas dans des relations qui drainent votre énergie ou vous dépriment. Certains sont capables de changer notre humeur, et le Quatre de Coupe peut très vite passer de l'ennui au désespoir. Méfiez-vous de certaines personnes de votre entourage en ce moment.

Santé et bien-être

Ne forcez rien pour le moment. Votre énergie est suffisamment élevée pour que vous vous laissiez porter. Le Quatre de Coupe pourrait indiquer un abus des bonnes choses. Faites de votre mieux pour trouver un équilibre dans vos activités thérapeutiques, car vous risquez d'échouer si vous vous forcez à faire quelque chose qui ne vous convient pas en ce moment.

Questions de la carte du jour

- Dans quels domaines de votre vie vous entêtez-vous ?
- Y a-t-il quelque chose que vous devriez faire, mais que vous ignorez ou évitez volontairement ?
- Comment êtes-vous arrivé à vous lasser de votre routine, de votre vie ou de vos relations ?

Notes:

Cinq de Coupe/Cabiai

« L'eau est le seul endroit où je suis en sécurité. Dans ce lieu frais et fluide, je sais que toute douleur peut disparaître. Dans l'eau, je peux libérer ce dont je n'ai plus besoin et purifier l'énergie nécessaire pour que s'installe quelque chose de nouveau. Dans l'eau, je sais que la vie continue de couler, même lorsque la mort est proche. Ce qui a été blessé peut être guéri, et ce qui n'a pas sa place dans le présent peut être emporté par le courant. »

— Message du Cabiai

Ce rongeur de l'Amérique du Sud pourrait ressembler à un cochon poilu, mais il n'y a aucun lien avec les porcidés. Le cabiai est le plus grand rongeur vivant connu de la planète. Même s'il vit sur terre, il a une affinité avec l'eau. Tant et si bien que ses pieds sont palmés jusqu'à la base des griffes pour l'aider à naviguer dans l'eau. L'eau est le sanctuaire de ce rongeur. Il se sert de l'eau comme source de protection et de guérison. Sur cette carte, nous voyons un cabiai qui se dirige seul dans l'eau après avoir découvert son compagnon mort sur la rive. Bien qu'il y ait une perte, il y a aussi une chance pour un nouveau départ. C'est l'énergie du Cinq de Coupe. Lors de l'apparition de cette carte, vous constaterez peut-être certaines pertes, mais vous n'avez pas à vous y attarder. Ne passez pas à côté des occasions que ces pertes laissent dans leur sillage. Soyez comme le cabiai et dirigez-vous plutôt vers l'eau. Permettez à l'eau de vous guérir et de vous montrer en toute sécurité en quoi consistera votre prochaine étape.

Affaires et carrière

Plusieurs entrepreneurs ont une devise : on peut échouer souvent, mais il faut vite passer outre. Vous feriez bien d'en faire votre principe. Vous voyez, dans le monde des affaires, vous n'avez pas le luxe de vous attacher à chaque client, projet ou compte. Lorsque vous vivez une perte ou un revers, vous devez vous ressaisir et passer à autre chose ; sinon, vous manquerez l'aubaine laissée dans son sillage.

Famille et relations

Le Cinq de Coupe n'est généralement pas de bon augure dans une lecture sur les relations, car il indique souvent une grande perte émotionnelle. Mais ce n'est pas toujours le cas. Cette carte pourrait aussi signifier que vous avez laissé trop longtemps vos émotions hanter votre passé. Si vous regardez toujours derrière, vous ne verrez pas ce qui est devant vous. Tenez compte de cet avertissement et ajustez votre niveau de conscience en conséquence.

Santé et bien-être

Ne laissez pas les échecs du passé entacher les réalisations du présent. Il peut être difficile d'éprouver de la joie quand vous vous sentez coupable. Le cabiai vous dit que même s'il est difficile de lâcher prise, il faut aller de l'avant pour voir le potentiel qui vous attend maintenant.

Questions de la carte du jour

- Quels sont les fantômes du passé qui hantent votre présent ?
- Où dans votre vie ressentez-vous de la culpabilité ou de la honte ?
- Avec quelle facilité laissez-vous les choses aller ?

Six de Coupe/Loutre

« Le jeu n'occupe pas seulement une grande partie de notre vie, c'est l'énergie même qui nous a permis de nous manifester. »

« Toutes nos expériences physiques font partie d'un jeu que nous appelons la vie. En effet, le plus grand jeu de tous est la vie que vous êtes venu vivre ici-bas. Mais vous n'êtes pas arrivé ici pour jouer seul, car il ne s'agit pas d'un jeu à un seul joueur. Vous êtes venu sur terre pour jouer avec les autres. Non seulement il est amusant de jouer avec autrui, mais c'est aussi ce que l'âme désire. »

— Message de la Loutre

Sans l'ombre d'un doute, la loutre est l'une des plus adorables créatures marines. Comment est-il possible de ne pas les aimer ? Elles essaient constamment de démontrer publiquement leur affection. Saviez-vous que les loutres s'embrassent et se font des câlins ? En outre, lorsqu'elles dorment, elles tiennent la patte de leurs proches pour qu'ils ne soient pas emportés par le courant. Les loutres lavent également leur nourriture avant de la manger. Avec leurs pattes minuscules, elles la nettoient avec soin pour en retirer un maximum d'énergie avant de l'ingurgiter. Cette énergie ludique et enfantine est exactement ce que le Six de Coupe apporte à votre vie. Il veut que vous repreniez contact avec l'énergie de votre enfant intérieur. Tenez-vous par la main, étreignez-vous et riez — simplement parce que vous le pouvez.

Affaires et carrière

Les membres de votre équipe commerciale devraient se sentir moins comme des employés et davantage comme de la famille. Riez, partagez des repas ensemble et resserrez vos liens par des activités ludiques. Trouvez des idées loufoques et enfantines et réfléchissez à la façon dont vous pouvez apporter plus de plaisir dans votre travail.

Famille et relations

Le Six de Coupe vous lie à une énergie plus simple, une énergie où la vie n'est qu'un jeu, et la seule chose dont vous avez besoin pour jouer, c'est l'amour. Aimez-vous, aimez les autres et aimez le monde qui vous entoure. Le but du jeu, selon la loutre, c'est de partager autant d'amour que possible et le plus simplement possible.

Santé et bien-être

Le rapport de la loutre à la nourriture est important. Les enfants ont un lien beaucoup plus profond et direct avec la nourriture : ils la sentent, la prennent dans leurs mains, s'en mettent partout et goûtent pleinement l'expérience de manger. Comme adultes, nous avons tendance à l'oublier et à considérer plutôt la nourriture comme une façon de combler nos fringales, de geler nos émotions, et même de la voir comme l'ennemie numéro un ! Pourtant la nourriture doit être aimée, appréciée et l'on doit se divertir quand on cuisine. Avant de la consommer, il est important de bien la nettoyer et de la purifier. Prenez exemple sur la loutre, ainsi vous mettrez fin à votre lutte entre le désir et le besoin de manger.

Questions de la carte du jour

- Où puis-je apporter plus de divertissement dans ma vie ?
- Comment puis-je étendre mon affection et mon soutien à ceux que j'aime ?
- Avant de manger, quelle sorte d'énergie est-ce que j'insuffle à ma nourriture ?

Sept de Coupe/Libellule

« Lorsque nous dansons et bourdonnons dans les airs, le soleil crée des reflets sur notre carapace scintillante et irisée et c'est ainsi que nous attirons votre attention. En quelques instants, nous vous mettons dans un état de transe, rêvant de tout ce qui a été et de tout ce qui pourrait être. Vous êtes tellement captivé par nos petits corps que le temps s'arrête et que vous vous perdez totalement dans l'instant. Puis, d'un seul claquement des doigts, tout est terminé et vous devez vous recentrer et revenir sur terre. »

— Message de la Libellule

La Libellule relie l'énergie de l'air au pouvoir créateur de l'eau, ce qui vous permet de savoir que les pensées et les rêves peuvent vraiment se concrétiser. Mais d'abord, vous devez utiliser l'énergie de la libellule afin d'aligner vos émotions sur vos pensées. Elles doivent être synchrones pour que vous soyez en mesure d'apporter quelque chose dans le monde physique. Le Sept de Coupe est à la fois une bénédiction et une malédiction. Il vous montre tout ce qui est possible, mais en même temps, il vous indique à quel point il est facile de se perdre dans le monde imaginaire que vous avez créé dans votre tête. Cette carte a le pouvoir de vous guider vers la clarté ou de vous laisser dans la confusion. C'est la magie de la libellule, ainsi que l'énergie floue que peut créer le Sept de Coupe.

Affaires et carrière

En ce moment, vous avez peut-être des idées en abondance, mais ce pourrait être une mauvaise chose. Lorsque les vannes de la créativité sont ouvertes, elles ne peuvent distinguer ce dont vous avez besoin en ce moment, et ce qui serait bénéfique pour plus tard. Pour résoudre ce dilemme, gardez un journal à portée de main et notez le flux constant de votre énergie créatrice, tel qu'il émerge de votre esprit, puis concentrez-vous sur vos projets actuels les plus urgents.

Famille et relations

Si le Sept de Coupe apparaît dans une lecture sur les relations, il est temps de sortir de la rêvasserie que vous avez créée autour de ceux que vous aimez et de commencer à voir ce qui en est vraiment. Il est facile de s'évader dans les fantasmes, mais au bout du compte, vous ne pouvez pas y rester. Revenez sur terre avant qu'il ne soit trop tard.

Santé et bien-être

Il est essentiel de visualiser d'abord un corps comblé et en bonne santé avant d'en créer un. Utilisez le pouvoir de la libellule et l'énergie du Sept de Coupe pour créer le « VOUS » que vous aimeriez voir quotidiennement dans le miroir. Alors que vous le visualisez, répétez ce mantra : « Je suis heureux, en bonne santé et comblé. »

Questions de la carte du jour

- Quelles illusions avez-vous créées autour de votre vie que vous savez au fond n'être pas vraies ?

- Comment la visualisation peut-elle vous aider à réaliser votre rêve actuel ?
- Dans quel domaine de votre vie pensez-vous que l'arbre cache la forêt ?

Huit de Coupe/Saumon

« Même si l'on ne fait rien d'autre de sa vie, il faut au moins avoir entrepris une quête. Il doit y avoir un moment dans votre cheminement où vous répondez à l'appel de quelque chose qui sort de l'ordinaire. Votre âme ressent un désir ardent vers lequel vous êtes attiré à chacune de vos respirations. Il est temps de lâcher prise et de commencer votre quête. »

— Message du Saumon

Si y a quelqu'un qui comprend l'attraction de l'énergie invisible, c'est bien le saumon. L'apparition du Huit de Coupe est un signe qu'il est temps de changer de parcours. La direction que vous aviez choisie n'est plus la bonne.

Lorsque le saumon reçoit l'appel du frai, il doit y répondre. Il ne sait pas dire non, même si, pour jouer son rôle, il devra faire un sacrifice. Vous aussi, on vous demande de renoncer à quelque chose, car il est temps d'avancer. Le Huit de Coupe représente ce qui doit arriver maintenant, et non ce qui se produira une fois que vous aurez changé de cap.

Le Huit de Coupe parle d'une quête, et la clé de toute quête, c'est qu'elle comporte un début bien défini et une fin très spécifique. Le saumon vous dit : « Faites confiance à l'attraction et sachez que là où cette énergie vous mène, le paysage est beaucoup plus vaste que celui que voyez en ce moment. »

Affaires et carrière

Il est temps de changer de direction ou de renoncer à quelque chose. Vous êtes peut-être trop attaché émotionnellement à votre trajectoire, ou au client ou au projet dont vous devez vous séparer, mais il faut tout de même le faire. Faites-le maintenant avant qu'il ne soit trop tard et que vous soyez face à des difficultés qui risquent de vous nuire ainsi qu'à votre réputation.

Famille et relations

Tout n'est pas fait pour durer éternellement. Ce n'est peut-être pas ce que vous voulez entendre, mais il vous faut sacrifier certaines choses. Votre attachement émotionnel à une personne ou à une situation vous épuisera terriblement si vous n'y renoncer pas. Donnez-vous simplement l'espace nécessaire pour mieux voir ce qui devrait se passer ensuite. Le Huit de Coupe vous dit de ne pas brûler les étapes.

Santé et bien-être

Le Huit de Coupe vous demande de chercher un sens plus profond à votre vie. Là où vous étiez précédemment n'est plus envisageable, et la destination que vous aviez projetée ne semble pas être la réponse non plus, alors maintenant, que faites-vous ? Creusez profondément et regardez à l'intérieur. Les réponses que vous cherchez ne se trouvent pas à la surface, vous devrez explorer plus en profondeur pour les trouver.

Questions de la carte du jour

- Avez-vous perdu le contact avec un aspect de votre vie ?

- Quels changements devez-vous faire pour avoir l'impression d'être sur la bonne voie ?
- La décision de vous donner de l'espace et du temps améliore-t-elle votre humeur actuelle ?

Neuf de Coupe/Papillon

« L'art de la transformation n'est jamais agréable. C'est douloureux, chaotique et très compliqué. Pour traverser ces changements, il vous faudra renoncer à la personne que vous étiez. Vous devez comprendre qu'une fois que vous aurez franchi cette étape, vous ne serez plus la même personne. Même si je le voulais, je ne pourrais pas retourner à mon état précédent, la chenille. Oubliez ce que vous avez connu et ouvrez-vous au potentiel immense de ce qui vous attend. »

— Message du Papillon

Les papillons et leur énergie ont joué un grand rôle dans ma vie. Ils sont apparus à maintes reprises comme des totems de guérison, car j'ai quitté un cycle d'énergie pour passer à un autre. Ils m'ont enseigné ce que signifie réellement se transformer, évoluer et explorer un nouveau monde. Juste au moment où la chenille s'installe dans son cocon pour se reposer, se rétablir et guérir, le Neuf de Coupe vous demande de songer à faire de même. Le Neuf de Coupe vous dit qu'il est temps de laisser derrière vous votre ancien moi et d'aller à la quête du renouveau. Cette période de transition ne sera pas facile. En fait, ce que le papillon doit traverser pour déployer ses ailes n'a rien de joyeux. Mais ayez confiance que c'est exactement ce qui doit arriver pour votre croissance. Le papillon est le symbole de ce qui se trouve à la fin d'un cheminement et l'espoir d'acquérir de nouvelles ailes.

Affaires et carrière

Il est possible que vous ayez une idée des changements à apporter à votre entreprise. Vous pourriez soudainement vous sentir heureux et satisfait pour la première fois depuis longtemps. Bien entendu, vous devrez renforcer ce sentiment pour ne pas qu'il se dissipe et prendre conscience de ce que vous avez changé afin de créer cette nouvelle énergie. Ainsi, vous pourrez maintenir le cap vers cette énergie renouvelée et la faire fructifier.

Famille et relations

Il faut des efforts pour soigner vos relations, car elles vous enseignent les leçons les plus précieuses concernant votre croissance. Avez-vous noté la leçon qui vous est enseignée en ce moment ?

Santé et bien-être

Peu importe où en est votre niveau d'énergie, avec cette carte, vous éprouverez de la confusion et de l'appréhension. Lorsque vous commencez votre parcours de guérison, vous ne savez jamais à quoi vous attendre. La chose est aussi vraie lorsque vous arrivez à la fin. Vivre sans douleur, sans maladie, ni aucun des autres aspects qui vous définissaient, vous semblera peut-être accablant. Mais il est temps d'écrire une nouvelle histoire et d'adopter cette nouvelle façon d'être.

Questions de la carte du jour

- Quel cycle de votre vie devez-vous clore afin que vous puissiez en entamer un nouveau ?

- Dans quel domaine de votre vie éprouvez-vous des problèmes de croissance ?
- Comment réagissez-vous lorsque les choses vous semblent chaotiques et hors de votre contrôle ?

Dix de Coupe/Pingouin

« L'amour, la confiance et le soutien sont des valeurs importantes dans la vie des pingouins. Sans ces valeurs, nous nous retrouverions seuls ou dans la gueule d'un de nos nombreux prédateurs. Parmi les nombreux dangers auxquels nous sommes confrontés en une journée, le plus grand de tous, c'est d'être seuls lorsque les vents d'hiver s'engouffrent dans notre habitacle. Sans l'amour et la protection de notre communauté, nous ne pourrions survivre et notre mode de vie disparaîtrait. »

— Message du Pingouin

Le Dix de Coupe fait souvent référence à une fin heureuse, car après le parcours émotionnel à travers la suite des Coupes, vous arrivez à la fin et tout va bien. Mais il ne s'agit pas seulement de vivre heureux, il s'agit de maîtriser vos émotions, d'apprendre l'amour de soi, de travailler sur vous-même et de comprendre que vous ne voyagez jamais seul. Le pingouin est un excellent totem pour tous ceux qui ont besoin de sortir de l'ombre d'un parcours en solitaire et d'entrer dans la lumière de la communauté qui les attend. Les pingouins ne peuvent pas survivre seuls ; ils doivent se retrouver avec les autres pour vivre et prospérer. C'est la leçon du Dix de Coupe : sortir de l'ombre est une étape essentielle, mais sachez que ce que vous avez réalisé ne sert pas seulement à vous, mais aussi à ceux qui vous entourent.

Affaires et carrière

Cette carte indique une phase positive qui profitera à tous ceux avec qui vous travaillez. Une étape de créativité et de joie débordante est sur le point de se produire. Si vous avez travaillé sur un projet ou essayé de trouver de nouveaux clients, sachez que tout se terminera sur une note très positive !

Famille et relations

Dans une lecture concernant les relations, le Dix de Coupe est de bon augure. Son apparition indique que vous entrez dans une période de joie, peut-être même de grand bonheur. N'oubliez pas que cet état est dû au travail et à l'engagement que vous avez pris envers vos relations. Toutefois, si vous détournez votre attention, tout ce bonheur pourrait vous glisser entre les doigts.

Santé et bien-être

Allez-y et prenez une profonde respiration : vous resplendissez de santé et de bonheur, et vous le méritez.

Vous êtes parvenu à une étape importante dans votre parcours de guérison. Mais souvenez-vous, pour que cela continue, vous devez poursuivre votre excellent travail.

Questions de la carte du jour

- Que signifie vivre une vie heureuse et en bonne santé ?
- Comment gérez-vous votre vie quand les choses vont aussi bien ?
- Pouvez-vous célébrer vos victoires tout en trouvant toujours le moyen d'aller de l'avant ?

Notes:

As d'Épée/Panda

« Parfois, pour avoir un éclair de lucidité, il faut faire autre chose, comme manger. Il ne s'agit pas tant de s'éclaircir les idées, mais plutôt de distraire votre esprit par une autre occupation que votre réflexion du moment. La nourriture est une excellente façon de penser à autre chose. Elle détourne votre esprit de la réflexion pour être simplement ouvert et disponible. C'est ce qu'on appelle aussi ancrer son énergie dans le but de mieux la canaliser. Cela dit, qu'y a-t-il pour déjeuner ? »

— Message du Panda

Le grand panda aime beaucoup manger ! En fait, c'est ce qu'il fait pendant la plus grande partie de sa vie. Mais vous ne deviendrez pas aussi câlin que lui simplement en limitant vos calories. Le panda passe jusqu'à 14 heures par jour à manger. C'est beaucoup de dents et de mâchoires en action. On pourrait dire que ce gros nounours a beaucoup à se mettre sous la dent.

Sur la carte, l'As d'Épée se tient droit, sa pointe orientée vers les cieux, dans l'enceinte du panda, comme un symbole de vérité, de connaissance et de raison. Mais en réalité, vous devrez parfois consommer beaucoup d'informations avant d'acquérir les connaissances nécessaires pour prendre la bonne décision. Le panda et l'As d'Épée nous rappellent qu'il n'existe pas de réponse miracle. Au contraire, vous devrez prendre votre temps, rassembler toute l'information possible et la dévorer littéralement.

Affaires et carrière

Les habitudes alimentaires du panda lui prennent du temps, beaucoup de temps. Afin de poser le bon geste au bon moment, vous aurez besoin de toutes les informations que vous pouvez obtenir. Avec l'As d'Épée à votre disposition, il vous faudra couper court à toutes les distractions inutiles et vous concentrer sur ce que vous voulez obtenir.

Famille et relations

L'As d'Épée vous offre le point de départ d'un dialogue honnête et ouvert. Sous l'œil attentif du panda, vous disposez du temps nécessaire pour faire valoir votre point de vue. Souvenez-vous seulement que l'épée est une arme à double tranchant. Après avoir eu le temps de parler, honorez ceux qui vous entourent, assoyez-vous et écoutez — écoutez vraiment — et accueillez tout ce qui vous est offert.

Santé et bien-être

Lorsque l'on suit un régime à base de plantes, il n'est pas nécessaire de compter les calories. En fait, vous pouvez manger ce que vous voulez, quand vous le voulez, et vous n'avez à vous soucier de rien. C'est vraiment une information positive à déguster.

Questions de la carte du jour

- Où avez-vous besoin de couper court aux distractions inutiles en ce moment ?
- Avez-vous les bonnes informations pour la décision que vous devez prendre ?

- Que faites-vous pour demeurer concentré et garder l'esprit vif ?

Deux d'Épée/Pluvier de Wilson

« Il est parfois difficile de prendre des décisions, et il peut être si facile de vous convaincre de ne pas faire ce qui ne vous tente pas. Mais en fin de compte, vous devrez prendre une décision. Suivrez-vous votre intuition ou votre raison ? Tout semble magique sur le rivage, mais vous ne pourrez pas demeurer longtemps dans cet endroit provisoire. Les choses changent rapidement ici et votre temps est limité. Il n'y a pas de place pour la procrastination. »

— Message du Pluvier de Wilson

C'est sur le rivage, au crépuscule, que le pluvier de Wilson se promène pour se nourrir, alors qu'il passe le reste de son temps à l'intérieur des terres sur les bancs de sable. Le crépuscule a beaucoup en commun avec le rivage lui-même : c'est un lieu de rencontre, un lieu où rien ne peut durer, mais tout et n'importe quoi sont possibles. Le rivage est la ligne de contact entre la terre et la mer, ou dans ce cas, le sens pratique et la créativité. Le Deux d'Épée montre les deux processus mentaux présents sur le rivage : la logique et l'intuition. En ce moment, les deux sont à votre disposition, mais à la fin, vous ne pouvez en utiliser qu'un seul. Vous pouvez patauger sur la rive et tremper vos pieds dans l'énergie créatrice des vagues, mais tout comme le pluvier, vous devrez décider où vous finirez votre parcours, que ce soit sur la terre familière ou dans les profondeurs marines inconnues. Vous seul êtes en mesure de décider et vous seul serez tenu responsable de votre choix.

Affaires et carrière

Deux options sont maintenant à votre disposition. Mais vous ne pouvez pas attendre la certitude que l'une sera plus bénéfique que l'autre. Plus vous resterez dans l'énergie de l'indécision, plus longtemps vous vous priverez des bénéfices potentiels.

Famille et relations

Ne vous fiez pas aux autres pour prendre des décisions à votre place. Soyez courageux et ayez confiance : vous, et vous seul savez ce qui est le mieux pour le moment.

Santé et bien-être

Vous savez exactement ce que vous devez faire pour votre propre bien, mais pour une raison ou pour une autre, vous continuez à tergiverser. N'oubliez pas que la seule personne qui souffrira de votre incapacité à faire les choix qui s'imposent, c'est vous.

Questions de la carte du jour

- Que doit-il se passer avant que vous puissiez prendre cette décision ?
- Comment l'inaction sert-elle vos objectifs en ce moment ?
- Et s'il n'y avait pas de mauvaise décision ?

Notes:

Trois d'Épée/Éléphant

« Il faut traiter avec un grand respect ce qui nous fait mal. La douleur en soi n'est pas un problème. Mais ne pas savoir comment gérer cette douleur pourrait vous attirer des ennuis. La perte est un aspect très important de ce monde physique. Vous ne pouvez pas avoir une nouvelle vie sans la mort, et vous ne pouvez pas avoir de gain sans perte. Alors dans ce moment de calme, inclinez votre tête et honorez tout ce qui était, est, et ce qui est à venir. »

— Message de l'Éléphant

Le Trois d'Épée est l'une de ces cartes saisissantes, tout comme l'illustration de l'éléphant. Dans le monde d'aujourd'hui, on croit que le bonheur exclut en quelque sorte tous les autres sentiments qui sont considérés comme accablants. Le deuil est probablement le plus méconnu de toutes ces émotions douloureuses. Toutefois, l'éléphant est là pour vous enseigner que non seulement il est normal de pleurer, mais qu'il est absolument nécessaire de le faire. Les éléphants honorent tous les membres décédés d'un troupeau, même s'ils n'appartiennent pas à ce dernier. Le processus de deuil suppose un grand respect de la vie et de la mort, car pour passer de là où vous étiez à l'endroit où vous voulez vous rendre, il vous faut d'abord honorer les disparus. Les aspects de soi qui ont été meurtris ou qui ne sont plus nécessaires disparaîtront, et ils ne seront en aucun cas utiles pour la personne que vous êtes en train de devenir.

Le Trois d'Épée équilibre les trois énergies du passé, du présent et du futur. En ce moment même, le temps n'est plus que la somme de toutes les pertes et de tout ce qui sera acquis.

Affaires et carrière

Vous pouvez faire votre deuil et pleurer tout ce qui n'a pas marché comme vous l'espériez. Il est normal de ressentir de la déception lorsque les choses tournent mal, surtout si vous y avez investi du temps et de l'énergie. Offrez-vous un moment pour honorer ce qui a échoué pour ensuite être en mesure d'ouvrir la porte à ce qui reste à venir.

Famille et relations

Le Trois d'Épée est souvent appelé la carte de la peine de cœur, puisqu'elle est traditionnellement illustrée d'un cœur transpercé. Ici, le chagrin est illustré dans le monde réel, celui de l'éléphant.

Le chagrin est inévitable dans le jeu de la vie. Il n'y a rien que vous puissiez faire, sauf le ressentir et vous autoriser à vivre votre deuil. Mais il ne faut pas s'enliser dans cette énergie, car sa vibration est de courte durée.

Santé et bien-être

Sur cette carte, l'éléphant est là pour vous apprendre à ne pas vous attarder lorsque survient un revers.

Bien sûr, dans un processus de guérison, parfois nos tentatives échouent, mais nous pouvons toujours espérer un retour des progrès et un élan vers l'avant. Tout cela fait partie intégrante de l'ensemble.

Ne vous découragez pas : contentez-vous de reconnaître où vous en êtes et continuez à avancer.

Questions de la carte du jour

- Quels sont les aspects douloureux de votre vie ?
- Comment gérez-vous la déception ?
- Lorsque vous êtes blessé, comment réagissez-vous à ceux qui vous entourent ?

Quatre d'Épée/Crapaud zombie

« Saviez-vous que les personnes de votre époque qui réussissent le mieux font une sieste ? Le repos de l'esprit et du corps accomplit des merveilles pour l'énergie créatrice de l'âme. C'est dans ce silence que nous pouvons nous retirer des rouages du monde physique et permettre aux choses de se mettre en place, sans notre interférence constante. Parfois, le meilleur plan d'action, c'est de ne rien faire du tout. Simplement pour aujourd'hui, reposez-vous un peu et donnez du répit à vos os fatigués. »

— Message du Crapaud zombie

Le crapaud zombie, ou le crapaud du désert de Sonora, tire son surnom du fait qu'il passe la plus grande partie de sa vie sous terre, dans un état d'hibernation. La seule chose qui peut réveiller ce crapaud et l'amener à émerger au-dessus du sol, c'est la pluie. Lorsque les moussons frappent les déserts du sud-ouest, ce phénomène déclenche une alarme interne chez les crapauds et les prévient qu'il est temps de se lever et de briller. Tout comme le Quatre d'Épée, le crapaud sait quand il faut agir et quand il est préférable d'attendre. Parfois, il suffit d'attendre que le moment soit venu. Une action précipitée pourrait non seulement constituer un gaspillage d'énergie, mais elle pourrait être dangereuse. Maintenant, il est temps de vous calmer, de vous reposer et d'augmenter le nombre de vos siestes. Cela pourrait même être le moment de prendre une véritable retraite.

Affaires et carrière

L'expression « lâcher prise » sonne très juste pour cette carte. Ce n'est pas le moment de mettre de la pression : il est plutôt temps de ne rien faire du tout. Interrompez ce que vous faites et attendez que tout rentre naturellement dans l'ordre.

Famille et relations

Avez-vous besoin d'arrêter et de laisser les autres s'occuper de vous pour changer ? Acceptez de vous appuyer sur les autres, ou de laisser ceux qui vous entourent jouer un rôle plus important que par le passé. Retirez-vous de l'action pendant un moment et observez ce qui se passe.

Santé et bien-être

Cette carte peut littéralement signifier le repos. Alors, pour l'instant, allongez vos jambes et accordez à votre corps le repos et la récupération dont il a envie. Ce n'est pas le moment de chercher à dépasser vos limites : au contraire, allongez-vous, dormez, rêvez et guérissez.

Questions de la carte du jour

- Que craignez-vous qu'il arrive si vous n'êtes pas là pour tout contrôler ?
- Où pouvez-vous ajouter une pause plus longue dans votre emploi du temps ?
- Si vous aviez la possibilité de vous rendre n'importe où pour des vacances, où iriez-vous et pourquoi ?

Notes:

Cinq d'Épée/Échidné

« Même si je ne crains guère les objets tranchants et pointus, je suis incommodé s'ils jonchent mon chemin là où je m'y attends le moins. Je dois admettre que c'est déstabilisant. Mais dans ce monde, vous devez regarder ce qui se trouve sur votre route et changer de direction en conséquence. »

— Message de l'Échidné

Lorsqu'il est question d'animaux étranges et merveilleux qui semblent avoir été créés lors d'une hallucination, ne cherchez pas plus loin que la plus grande île du monde, l'Australie.

L'échidné ressemble un peu à un hérisson, mais il a le museau d'un fourmilier, pond des œufs comme un reptile, et c'est pourtant un mammifère. Si un simple coup d'œil ne vous permet pas de reconnaître ce que vous voyez, vous ne trouverez pas plus surprenant que notre adorable fourmilier épineux. Le Cinq d'Épée vous permet de savoir que quelque chose d'inattendu est sur le point de se produire, ou a déjà eu lieu.

Et devinez quoi ? C'est le dernier endroit où vous vous attendriez à le rencontrer. La clé consiste à reconnaître les bienfaits là où ils se trouvent vraiment. Bien sûr, ce n'est pas l'endroit que vous pensiez, mais il y a une raison à cela. Il ne faut pas se laisser berner par l'apparence des choses, car tout comme notre humble petit échidné, quelque chose d'extraordinaire peut se dissimuler dans les emballages les plus inhabituels.

Affaires et carrière

En affaires, il y aura toujours des gagnants et des perdants. Parfois, vous frappez un coup gagnant et parfois ce n'est pas le cas. Comme Andy Warhol l'a dit, nous avons tous notre quart d'heure de célébrité. Mais votre façon d'agir quand ce n'est pas votre heure de gloire en dit beaucoup sur votre niveau d'intégrité, et c'est votre intégrité qui attirera les gens vers vous ou les repoussera.

Famille et relations

À quel point est-il important pour vous d'avoir raison ? Souvent, c'est en ayant raison que vous vous procurez le carburant nécessaire pour affronter ceux que vous aimez. Pourtant, cette attitude donne rarement le résultat auquel vous vous attendiez. Il est peut-être temps de réagir autrement. Écoutez plutôt que de parler et respectez autrui au lieu de le châtier.

Santé et bien-être

La victoire est un grand événement, mais de courte durée. Ne perdez pas de vue l'essentiel parce que vous avez obtenu une petite victoire. Le fait de vous y attarder risque de vous causer des problèmes à long terme. Au lieu de cela, faites honneur à votre victoire en maintenant votre élan et en travaillant sur le prochain défi.

Questions de la carte du jour

- Lorsqu'un conflit se produit, est-ce à cause de vous, ou êtes-vous simplement attiré par celui-ci ?

- Comment pratiquez-vous l'art du non-engagement ?
- Que faites-vous quand les choses ne se passent pas comme vous l'aviez prévu ?

Six d'Épée/Phalanger volant

« Tout mouvement comporte un risque, toutefois ne pas bouger peut aussi être tout aussi dangereux. Tenter de rester là où vous ne vous sentez plus en sécurité ne vous sera pas bénéfique. Vous avez évolué au-delà de votre ancien moi et il est maintenant temps de lui dire adieu une bonne fois pour toutes. Personne n'a dit que cela serait facile. Mais au moins pour l'instant, vous n'avez rien d'autre à faire que de vous laisser porter par le vent de l'inévitable changement. »

— Message du Phalanger volant

Le phalanger volant s'élève sans effort d'un arbre à l'autre. En étendant ses bras et ses pattes, il peut prendre son envol qu'avec un simple effort. Tout ce dont le phalanger volant a besoin, il le possède déjà. C'est aussi vrai pour le Six d'Épée. Tout ce qu'il vous faut pour votre voyage, vous l'avez déjà. Nul besoin de vous préparer ou même vous inquiéter de laisser quelque chose derrière. Tout ce dont vous avez besoin est en vous, avec vous et fait partie de vous. Cette carte concerne le voyage en soi et non la destination, alors ne vous souciez pas de ce qui se passera ensuite. Tout comme le phalanger volant, vous êtes maintenant à la merci des éléments. Vous n'avez pas d'autre choix que de rester là et de voir où tout cela vous mènera.

Affaires et carrière

Il est temps de passer à autre chose et de prendre uniquement ce que vous pouvez emporter avec vous. Le Six d'Épée n'indique pas ce qui s'est passé, pas avant que vous n'arriviez à tel endroit, car il se concentre uniquement sur le voyage qu'il vous faut maintenant entreprendre. Alors, sautez comme le phalanger volant et voyez où vous atterrirez.

Famille et relations

Les épées peuvent nous rendre insensés. Le Six d'Épée ne fait pas exception. En ce moment, vous avez besoin d'un répit mental dans votre relation, car il semble que vous dramatisez la situation. Le phalanger volant vous dit de prendre une pause. Sortez, étendez les bras, fermez les yeux, levez la tête et sentez que toutes les toiles d'araignées qui meublent votre esprit sont soufflées par le vent.

Santé et bien-être

Cette carte est un rappel que vous disposez déjà de tout ce dont vous avez besoin pour entreprendre votre cheminement vers la santé et le bien-être. Ce n'est pas quelque chose que vous devez acquérir, c'est déjà là. Vous ne le remarquez probablement pas, parce que vous êtes trop occupé à vouloir dicter les termes de votre dialogue mental. Lâchez prise et laissez votre corps faire ce qu'il se doit. Pour faire changement, il serait sage de vous asseoir et d'écouter.

Questions de la carte du jour

- Où pourriez-vous aller afin de vous procurer un répit mental ?

- De quoi avez-vous besoin pour tout simplement vous évader ?
- Gardez-vous un œil vigilant sur votre destination ?

Sept d'Épée/Furet

« Nous avons tous un côté sournois. C'est un attribut nécessaire pour notre survie. Que ce soit vous qui deviez user de ruse, ou que vous détectiez la sournoiserie chez les autres, l'art de la tromperie ne doit pas être tenu pour acquis. La fumée, les miroirs et les tours de passe-passe ont tous leur utilité dans la vie. La clé est de savoir quand et où les utiliser. »

— Message du Furet

Le Sept d'Épée est souvent appelé la carte du voleur. Mais pour être honnête, je crois que c'est un jugement inutile à cause de l'énergie qu'elle représente. En fait, nous avons tous besoin d'un petit tour de passe-passe de temps en temps, même si cela doit se faire au prix de la sincérité. Cependant, la leçon consiste à savoir si nous le faisons pour notre bien ou celui des autres ou s'il s'agit de nuire. Le furet est un membre de la famille des belettes et, tout comme son cousin, il a la capacité d'entrer et de sortir des endroits étroits et difficiles d'accès. Le furet nous enseigne comment employer la rapidité comme forme de protection, mais aussi comme jeu. N'oubliez jamais que certaines surprises peuvent s'avérer utiles et parfois, le fait de dissimuler certaines choses est absolument nécessaire.

Affaires et carrière

L'une des premières règles du processus de la manifestation est de ne pas partager vos plans ou vos idées, ce qui vous permettra de protéger cette énergie à mesure qu'elle s'accroît. Le furet peut vous montrer comment dissimuler vos projets en germe et les préserver. Pour le moment, ne réclamez que ce qui vous est divinement légitime et gardez-le pour vous.

Famille et relations

Êtes-vous totalement ouvert dans vos relations ? Le Sept d'épée symbolise la ruse, mais user de sournoiserie dans une relation finira toujours par nous revenir et nous mordre en retour. Rappelez-vous, le furet a des dents acérées.

Santé et bien-être

J'ignore pourquoi, mais le Sept d'Épée apparaît toujours comme une carte problématique pour mes clients. Piquer de la nourriture et la manger en cachette alors qu'on ne devrait pas, est l'une des caractéristiques de cette carte, tout comme une perte soudaine de poids. Quoi qu'il en soit, on vous demande de réfléchir à votre poids actuel et de voir si vous êtes parfaitement honnête au sujet de la condition générale de votre corps.

Questions de la carte du jour

- Dans quelles circonstances utilisez-vous la sournoiserie avec autrui ?
- Avez-vous actuellement l'impression que l'on vous trompe ?
- Quand est-il propice de dissimuler la vérité ?

Notes:

Huit d'Épée/Taupe

« Il nous arrive tous parfois de nous retrouver dans des situations qui nous sont étrangères. Il peut s'agir d'un environnement étrange et nouveau, ou peut-être d'une solution inusitée à un problème. D'une manière ou d'une autre, ce qui était autrefois normal ne l'est plus, et pour retrouver votre chemin vous devrez vous soumettre à une autre réalité pour ainsi découvrir une nouvelle voie. »

— Message de la Taupe

Notre petite taupe a été contrainte de quitter sa vie souterraine protectrice pour se retrouver dans le monde extérieur. Cette situation la place dans une position vulnérable : sa vision est très faible et elle n'a aucun moyen de se repérer. Sous terre, la taupe compte sur son odorat et le toucher pour se guider. Elle sent constamment son chemin à travers la terre, mais une fois au-dessus du sol, elle n'a aucun moyen de repérer son environnement. Le Huit d'Épée nous montre ce que cela signifie de s'appuyer sur nos autres sens, lorsque ceux que nous utilisons habituellement sont inhibés. En ce moment, vous êtes face à une situation où votre prise de décision habituelle ne peut vous servir à résoudre ce problème. Tout comme la taupe, il vous faudra creuser plus profondément et trouver une nouvelle façon de contourner ce problème.

Affaires et carrière

Il est temps d'improviser et de cesser de vous plaindre qu'habituellement, ce n'est pas de cette manière que vous réglez les choses. Il s'agit d'une nouvelle donne et le Huit d'Épée vous demande de vous adapter. Apprendre de nouvelles façons de faire et d'être est bénéfique pour les affaires, car c'est faire preuve de souplesse et accepter d'être vulnérable. Ce sont de bonnes qualités dans un monde qui cherche des gens plus authentiques en affaires.

Famille et relations

Pour être très honnête, la représentation originale de cette carte dans le jeu Rider-Waite fait penser à une forme de servitude, et franchement, je crois que c'est une bonne interprétation de cette carte dans une lecture consacrée aux relations. Il est maintenant temps de rompre avec vos anciennes habitudes et de sortir de votre tanière.

Trop réfléchir peut empêcher quelqu'un d'éprouver du plaisir. Libérez votre esprit et permettez à votre corps de ressentir tout le plaisir possible.

Santé et bien-être

Comptez-vous sur ce que vous croyez pouvoir faire, plutôt que sur ce que vous pouvez et devez faire en ce moment ? Si souvent j'ai vu des personnes saboter leur processus de guérison en essayant de se créer un nouveau corps avec une vieille mentalité. Cette approche n'est tout simplement pas efficace. Comme la taupe, vous devrez compter sur une expérience différente du monde. Vos vieilles habitudes ne vous feront aucun bien dans ce cas-ci.

Questions de la carte du jour

- De quelle façon votre rationalité entrave-t-elle votre intuition ?
- Quelles anciennes habitudes bloquent votre chemin actuellement ?
- Pour résoudre vos problèmes, où pourriez-vous utiliser plus de souplesse ?

Neuf d'Épée/Engoulevent

« Je ne veux pas vous garder éveillé toute la nuit. Ce n'est pas ma faute si vous habitez près de l'endroit où je trouve ma nourriture. Mais en vérité, mon seul tort est d'aimer le son de ma propre voix. Il se peut que vous ne trouviez pas mon chant agréable, mais chanter fort sous la lune est un grand bonheur pour moi. Je sais que ma gamme de sons est limitée et que je connais à peine trois vocables, mais c'est mon chant et je le chanterai aussi fort qu'il me plaira. »

— Message de l'Engoulevent

Si vous voulez passer une bonne nuit, alors il vaudrait mieux que la fenêtre de votre chambre ne soit pas située juste à côté du perchoir de l'engoulevent. Ces petits oiseaux sont difficiles à voir, mais ils sont très bruyants. Dire qu'ils n'ont aucune gêne à se faire entendre serait un euphémisme.

Mais peut-être est-ce une leçon que vous devez apprendre. Vous ne dormiriez pas bien même si cette petite créature ne chantait pas dans votre oreille. Le Neuf d'Épée est connu comme la carte qui représente l'insomniaque stressé. Quand j'ai moi-même vécu une période très turbulente de ma vie, cette carte est apparue maintes et maintes fois. Au lieu de vous imaginer des choses, prenez une plume de notre ami de la nuit, ouvrez votre bouche et chantez, même si ce chant n'enchante pas particulièrement les autres. Pour passer une bonne nuit de sommeil, vous devez vous libérer de votre stress.

Affaires et carrière

Il se peut que vous ayez entrepris plus de choses que vous ne pouvez en supporter. Parfois, il arrive qu'on se stresse sans raison particulière, surtout quand tout ce que vous avez à faire est de demander à d'autres de vous aider. Il est possible que le moment soit venu de déléguer et de partager vos tâches pour ainsi vous consacrer à ce que vous accomplissez le mieux.

Famille et relations

Si le Neuf d'Épée apparaît dans une lecture sur les relations, soyez assuré que les choses ne vont pas comme vous l'espériez. Mais devinez quoi ? Vous avez le pouvoir de modifier tout cela. Cessez de vous tourmenter et commencez par assumer la responsabilité des choix que vous seul avez faits.

Santé et bien-être

Croyez-le ou non, les choses ne vont pas aussi mal que cela. Peut-être n'avez-vous pas obtenu les résultats espérés, mais l'apitoiement sur vous-même ne vous aidera pas à atteindre vos objectifs de santé.

Questions de la carte du jour

- Que disent vraiment les monstres dans votre tête ?
- Pourquoi permettez-vous au stress et à l'anxiété de vous paralyser ?
- Quand devriez-vous dire le fond de votre pensée au lieu de vous taire ?

Notes:

Dix d'Épée/Pigeon

« Vous avez toujours des ressources à votre disposition. Mais pour rester dans ce flot, vous devez le suivre quand il se déplace. Si vous vous tenez à l'écart, vous risquez d'éprouver de la souffrance et des difficultés. Vous ne pouvez pas grandir s'il n'y a plus rien pour vous soutenir. Admettez que c'est terminé et avancez. »

— Message du Pigeon

Cet oiseau est souvent considéré comme le rat du ciel, car on le voit davantage comme un animal nuisible que comme un puissant totem. Mais tout comme le rat, le pigeon a beaucoup de leçons à donner et il serait stupide de tourner le dos à sa sagesse. En raison de la facilité d'approvisionnement en nourriture, ces oiseaux sont devenus des citadins et, comme les citadins humains, ils préfèrent la compagnie des autres. Les pigeons peuvent être très attachés à leur territoire si la nourriture abonde, mais pas si les ressources s'épuisent. C'est la leçon du Dix d'Épée. Vos ressources sont épuisées et il est temps pour vous d'y faire face et de passer à autre chose. Rester où vous êtes actuellement ne vous apportera que douleur et misère.

C'est fait, c'est terminé, et comme le pigeon, il est temps de trouver un nouvel approvisionnement en nourriture.

Affaires et carrière

De nombreuses entreprises font l'erreur de ne puiser que dans un seul bassin de clients. Celui-ci finira par s'assécher et vous devrez en trouver un autre. C'est ce qui arrive quand on s'approvisionne à une seule source. Malgré votre fierté, admettez que vous avez connu de bons moments, mais qu'il est maintenant temps d'aller de l'avant.

Famille et relations

Ce n'est jamais une bonne carte dans une lecture consacrée aux relations, car elle signifie généralement que les choses touchent à leur fin. Parfois, il est question de la relation elle-même, parfois non.

Mais la plupart du temps, c'est malheureusement le cas. Cela dit, cette carte peut représenter une fin quelconque : peut-être la fin d'un argument, la fin d'une affaire légale ou d'une période difficile. D'une façon ou d'une autre, vous devez être disposé à investir votre énergie ailleurs, car elle ne sert plus votre objectif initial.

Santé et bien-être

Je dois admettre que je ne voudrais pas voir cette carte dans une lecture sur la santé et le bien-être. Si elle se présente, il vous faudra examiner attentivement les habitudes de vie qui vous nuisent. Le Dix d'Épée arrive en guise d'avertissement, mais si vous l'ignorez, vous risquez de vous attirer que souffrance et inconfort.

Questions de la carte du jour

- Essayez-vous de vous incruster dans un endroit où vous n'avez plus votre place ?

- Dans quel déni vous trouvez-vous ?
- Où devez-vous aller pour assurer votre abondance ?

As de Bâton/Luciole

« Pouvez-vous lire mes signaux ? Êtes-vous capable de déchiffrer le message que je vous envoie ? Je sais que ce n'est pas tout le monde qui pourra le décoder dans l'obscurité. Mais si vous essayez très fort, vous pourrez le comprendre. C'est un message qui ne peut être compris avec l'esprit, mais plutôt avec le cœur. Car je parle le langage de mon cœur et de ses désirs. Voyons si vos désirs correspondent à la lumière que j'offre. »

— Message de la Luciole

Pendant la journée, la luciole ressemble beaucoup à n'importe quel autre insecte. Lorsque le soleil brille, elle se fond dans la masse et il est facile de l'oublier ou de ne pas la voir. Mais la nuit, son minuscule corps brille tellement qu'il est impossible de le rater. Vous voyez, la luciole a besoin du contraste pour être visible. En fait, c'est le contraste qui crée l'environnement parfait pour que ce membre de la famille des coléoptères montre son caractère unique au monde. La lumière produite par les lucioles sert en fait à l'accouplement, ce qui signifie qu'elles brillent pour attirer ce qui comblera le désir ardent en elles. L'As de Bâton veut que vous compreniez que vous aussi devez chercher le bon contraste pour que votre lumière brille. Dans le monde frénétique et bruyant d'aujourd'hui, il est facile de se faire oublier en se perdant dans la foule. Mais vous valez tellement mieux. À l'intérieur de vous, l'As de Bâton brûle d'une énergie intense.

Il vous faut simplement trouver le bon endroit pour montrer vos dons uniques.

Affaires et carrière

L'As de Bâton vous invite à vous approprier votre lumière intérieure et à briller. Les conditions sont réunies pour trouver un endroit où mettre en valeur ce que vous avez à offrir au monde. Il est maintenant temps de révéler vos dons uniques. N'attendez plus, agissez maintenant.

Famille et relations

Les lucioles mâles semblent souvent faire des acrobaties dans l'air, mais en fait ce qu'ils envoient ce sont des signaux d'amour. C'est vrai, leurs mouvements utilisent des codes complexes qui ne pourront être lus que par leur âme sœur. On dirait bien une manière compliquée de trouver un partenaire !

Mais en réalité, vous faites la même chose. Vous envoyez un certain code et seuls ceux qui le comprennent vraiment vous répondront. Alors, recevez-vous la réponse que vous espériez ou avez-vous besoin de travailler sur vos signaux d'amour ?

Santé et bien-être

La luciole n'est pas ce qu'on pourrait appeler un insecte courageux ; elle ne fait que ce pour quoi elle a été destinée. Elle brille lorsqu'elle le peut et elle passe inaperçue quand il le faut. Voici un message important : elle ne reste jamais immobile. Elle sait qu'elle doit avancer avec le rythme de la vie. Elle ne peut briller pendant la journée, alors pourquoi gaspiller son énergie ? Retenez bien cette leçon qui vient du cœur et ne gaspillez pas votre énergie sur des comportements négatifs.

Questions de la carte du jour

- Qu'est-ce qui vous distingue de ceux qui vous entourent ?
- Savez-vous ce que désire votre cœur ?
- Où pouvez-vous faire briller votre lumière la plus étincelante ?

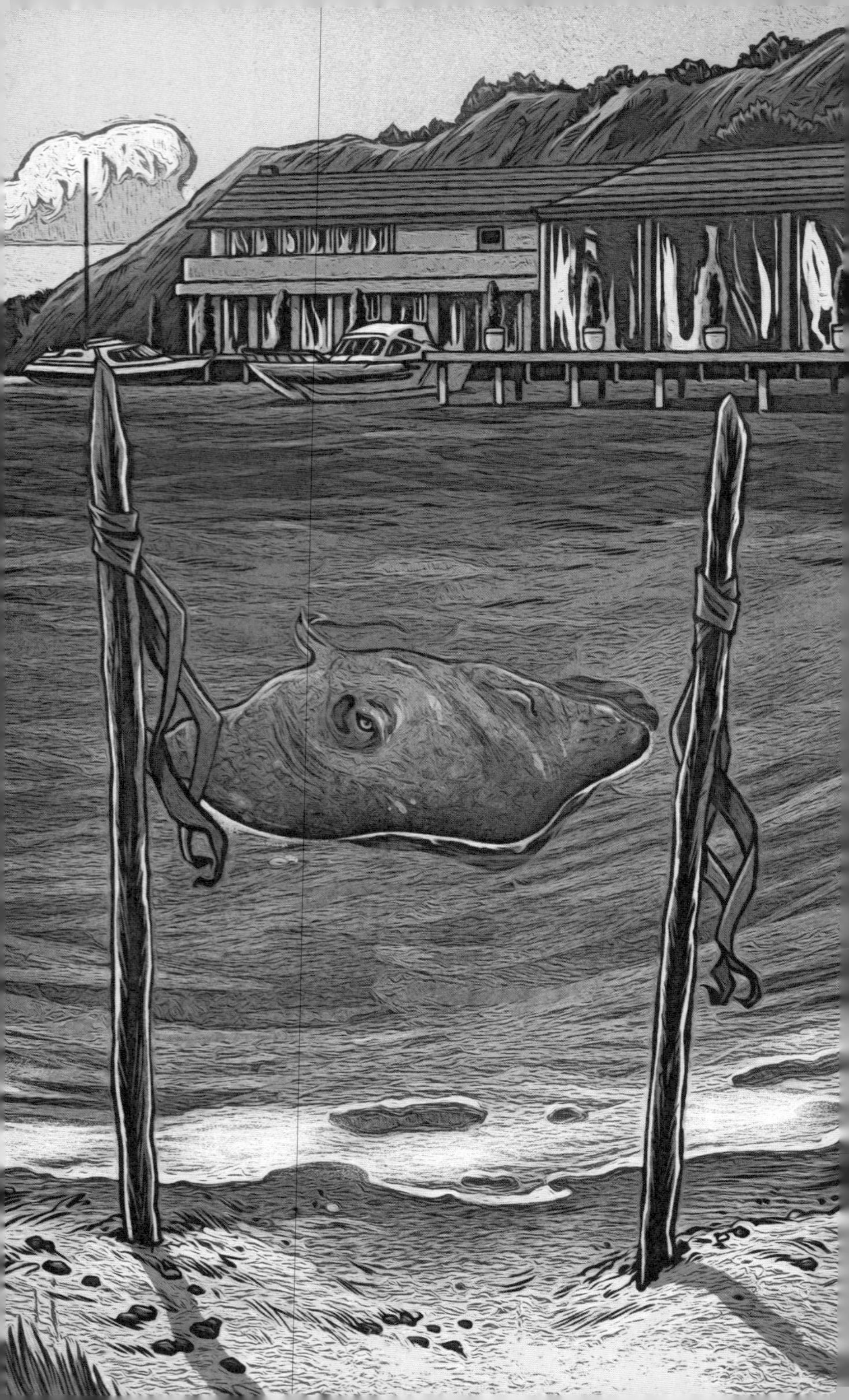

Deux de Bâton/Raie

« Avec grâce, je me fraye un chemin à travers la mer. Que ce soit près des rives ou dans les profondeurs, j'ai toujours une destination en tête. Nager sans but serait non seulement dangereux, mais potentiellement mortel. Ici, dans la mer, il y a beaucoup de choix et de possibilités, tout comme sur la rive et tout comme dans votre monde terrestre : si quelqu'un n'agit pas rapidement, il disparaîtra pour toujours. »

— Message de la Raie

Cette scène est tirée d'un de mes lieux préférés quand je veux clarifier mon esprit : la baie de San Francisco. En marchant dans cette superbe marina, j'ai plus d'une fois rencontré mon amie la raie.

Les raies semblent aimer cet endroit autant que moi, et on dirait qu'elles apparaissent toujours au moment où j'ai besoin de passer du monde alcalin de mes émotions à l'énergie concrète de l'action.

Quelle meilleure association pourrait-il y avoir entre la passion, la créativité et l'éclat du Deux de Bâton que la raie ? Cet ange de la mer porte l'étincelle du Deux de Bâton qui l'entoure. Cette carte vous informe que vous devez prendre une décision. Il vous faut avoir les idées claires et agir. La période de méditation touche à sa fin. Assoyez-vous avec la raie et laissez-la vous sortir des eaux troubles de vos émotions vers l'énergie du désir de votre cœur.

Affaires et carrière

Si vous vous contentez de planifier sans agir, vous n'obtiendrez aucun résultat. Vous avez échafaudé un plan, mais vous devez le mettre à exécution. Le Deux de Bâton vous indique qu'en ce moment votre énergie est propice pour mettre en lumière ce que vous aviez gardé secret. Au besoin, sollicitez l'aide d'un mentor.

Famille et relations

Il y a quelque chose à dire sur le pouvoir du chiffre deux. Dans une relation, généralement nous sommes deux, et pour deux personnes orientées vers le même objectif, rien n'est vraiment impossible. Il est maintenant temps d'unir vos forces à celles de votre partenaire afin de concrétiser ce que vous souhaitez véritablement tous les deux.

Santé et bien-être

Il est temps de joindre l'acte à la parole. Engagez-vous à participer à une séance thérapeutique, inscrivez-vous à un gymnase, ou suivez un cours de cuisine. Le Deux de Bâton évoque le partenariat, et la santé est bel et bien un partenariat entre vous et votre corps. Alors, engagez votre corps et votre esprit pour ainsi créer un tourbillon de bien-être.

Questions de la carte du jour

- Comment un mentor pourrait-il vous aider dans votre situation actuelle ?
- Quel rêve vous appelle à la nécessité d'agir ?

- Lorsque vous vous visualisez dans le futur, qui vous accompagne ?

Trois de Bâton/Pic-bois

« Parfois, vos oreilles peuvent vous tromper, car le son a tendance à se répercuter. Si vous voulez me trouver, ainsi que la porte que j'ai déverrouillée pour vous, vous devrez garder le silence et n'être attentif qu'au bruit de mon tambourinage. »

— Message du Pic-bois

Croiriez-vous que j'ai grandi dans l'un des trois seuls pays au monde, à part les calottes polaires, qui n'inclut pas une espèce de pic dans sa famille d'oiseaux indigènes ?

C'est en déménageant dans un petit village à l'extérieur de Buffalo, dans l'État de New York, que j'ai fait ma première rencontre avec un pic-bois et il était en train de cogner. J'ai dû me tenir tranquille et vraiment l'écouter pour qu'il se décide à venir tambouriner du côté du chalet où j'habitais. Le Trois de Bâton symbolise une opportunité — ou une porte grande ouverte, si vous voulez— mais saurez-vous la découvrir ? Nous croyons qu'il n'y a qu'une façon de réaliser un objectif ou un rêve, mais ici il y en a trois : le pic-bois et l'énergie du Trois de Bâton qui vous guide vers ce que vous cherchez, mais l'oiseau ne fait que cogner sur un bâton. C'est donc à vous de vous arrêter et de vous concentrer afin que vous puissiez trouver le pic ainsi que la porte qu'il a ouverte pour vous.

Affaires et carrière

Vous connaissez sans doute l'expression « la chance d'une vie ». Le Trois de Bâton vous fait savoir qu'il pourrait s'agir d'une occasion inespérée, mais votre carrière ne sera pas gâchée si vous la manquez.

Ce genre d'occasion qu'on appelle « la chance d'une vie » n'existe pas, en fait. Il n'y a que vous, cette occasion et votre décision de la saisir ou non. Le pic-bois frappe à votre porte, mais vous seul déciderez si vous suivrez son appel.

Famille et relations

Le Trois de Bâton vous informe qu'il est temps de commencer à mettre en œuvre vos projets à long terme, qu'il s'agisse d'acheter une maison, de vous marier, de démarrer un portefeuille d'investissement ou de planifier des vacances à l'étranger. Chaque projet exige que vous fassiez le premier pas, alors faites-le maintenant.

Santé et bien-être

Toute progression se fait selon un ordre et un rythme naturels, même lorsqu'on a l'impression que c'est maintenant ou jamais.

Le pic-bois frappe lorsqu'il y a plus d'une énergie qui est en phase avec ce que vous avez demandé. En d'autres termes, la solution que vous cherchiez se présente maintenant. Mais vous devez lui permettre d'apparaître dans sa forme naturelle, à sa manière. Faire pression ou sauter trop vite sur l'occasion freinerait vos progrès. Détendez-vous dans cette énergie et suivez simplement le son qui mène à la réussite.

Questions de la carte du jour

- Le temps de l'inaction est terminé, alors dans quelle direction irez-vous ?
- Vers quoi vous sentez-vous appelé en ce moment ?
- Comment ferez-vous en sorte que les bénéfices de votre travail vous reviennent ?

Quatre de Bâton/Oiseau à berceau

« Avez-vous déjà remarqué que les meilleures choses de la vie sont celles pour lesquelles vous avez dû faire un effort supplémentaire ? Le travail acharné, le défi de se surpasser, la pression pour tout organiser, puis la détente à la fin... Ah, ce sont les doux moments pour lesquels nous vivons. C'est stimulant de savoir que vous pouvez vous élever au-dessus de l'ordinaire et créer l'extraordinaire. »

— Message de l'Oiseau à berceau

L'oiseau à berceau s'est surpassé, à présent, il regarde sa création. Il a travaillé dur pour rassembler les fleurs les plus colorées et les baies les plus brillantes qu'il pouvait trouver. Il a vraiment donné le meilleur de lui-même. Tout ce qu'il lui reste à faire est d'enfiler ses chaussures de danse et d'attendre que sa partenaire apparaisse. L'oiseau à berceau sait qu'il est beaucoup plus facile de se détendre quand les choses ont été effectuées de la bonne manière, au bon moment. La structure et le processus sont importants pour contenir la passion qui l'attend dans son futur nid d'amour. Le Quatre de Bâton est la carte de la passion et de la stratégie qui se réalisent grâce à une expression créative ciblée.

Affaires et carrière

Si vous avez bâti votre équipe correctement, vous allez vous en réjouir, car tout ce que vous avez mis en place va porter ses fruits.

Si, toutefois, votre équipe n'est pas aussi solide qu'elle pourrait l'être, alors vous devrez montrer l'exemple que seul l'effort rapporte.

Famille et relations

Prenez une plume de l'oiseau à berceau : embellissez votre nid d'amour et montrez toute votre séduction. Toutes les relations sont des investissements à long terme de temps, d'amour et du désir d'être le meilleur partenaire possible. C'est maintenant à votre tour de vous occuper de votre investissement affectif.

Santé et bien-être

Le Cinq de Bâton se rapporte à la structure, et dans une lecture relative à la santé, il vous permet de savoir que vous disposez d'une base solide pour maintenir votre santé. Vous méritez des félicitations, car vous avez su conjuguer adéquatement vos pensées, vos sentiments et vos actions. Vous pouvez ainsi continuer à construire à partir de ce merveilleux état de bien-être.

Questions de la carte du jour

- Donnez-vous le meilleur de vous-même à ceux qui vous entourent ?
- Comment pouvez-vous mettre en valeur l'expression créative de vos proches ?
- Sur quel projet créatif travaillez-vous en ce moment, qui gagnerait à être mieux structuré ?

Notes:

Cinq de Bâton/Ratel

« Vous savez que quelqu'un doit jouer au mauvais garçon, sinon qui rassemblerait ceux qui se concentrent plus sur leurs différences que sur leurs objectifs spirituels communs ? Je sais que vous pensez que nous, les mauvais garçons, ne servons à rien et que le monde utopique dont vous rêvez n'a pas de place pour nous. Mais posez-vous la question : comment créer ce monde si les énergies adverses n'ont pas été réunies ? »

— Message du Ratel

Le ratel fait partie d'un groupe d'élite d'animaux totems que j'aime appeler les « emmerdeurs » : ces animaux n'ont aucun intérêt pour qui que ce soit d'autre qu'eux-mêmes. Ils nous enseignent l'autosuffisance complète dans un environnement hostile. Le ratel est vicieux, meurtrier, et ce n'est surtout pas un animal que vous aimeriez croiser. Pourtant, il y a quelque chose d'unique dans la façon dont ce type de totem peut rassembler les autres. Dans la carte ci-dessus, nous voyons comment les cinq Bâtons agissent tous en une seule énergie dynamique. Leur but : éliminer le ratel sans nuire à quiconque. Pour ce faire, les villageois doivent travailler ensemble, ils n'ont pas le choix. Ici, un faux pas serait désastreux. Il s'agit d'une situation instable dont les résultats ne sont pas garantis, mais grâce à des gestes, des objectifs et des efforts coordonnés, elle peut conduire à des résultats très positifs.

Affaires et carrière

Le ratel vous demande si, dans votre domaine, vous êtes un chef imposant que tout le monde respecte, ou si votre façon de diriger est confuse et chaotique. Le Cinq de Bâton vous donne le choix : soit vous vous démarquez de la foule et vous amorcez un mouvement, soit vous vous perdez dans votre propre chaos. Le choix vous appartient.

Famille et relations

Les messages contradictoires et les malentendus sont souvent la cause de conflits dans une relation. La plupart d'entre nous ont du mal à lire dans les pensées, donc, à moins que quelque chose ne soit clairement énoncé, chacun peut se tromper et mal interpréter la chose. Cette carte vous donne l'occasion de transformer l'énergie ambiante et de mettre fin à la confusion une fois pour toutes.

Santé et bien-être

Quand il est question de santé, chacun a une opinion sur ce que vous devriez ou ne devriez pas faire. Cette situation suscite de la confusion. Le ratel vous donne la force de ne pas vous soucier de ce que les autres pensent, font ou disent lorsqu'il s'agit de votre bien-être. En fait, le ratel vous offre le recul nécessaire pour vous concentrer uniquement sur vous-même.

Questions de la carte du jour

- En quelle circonstance avez-vous la possibilité de rassembler les autres ?

- Comment laissez-vous l'opinion d'autrui perturber votre situation actuelle ?
- Que devrait-il se passer pour vous sortir du chaos qui vous entoure en ce moment ?

Six de Bâton/Abeille

« Ne sous-estimez jamais votre rôle dans le monde qui vous entoure. Même le plus petit geste peut provoquer la plus grande vague. Peu importe l'ampleur de votre rôle, assurez-vous de le remplir au mieux de vos capacités. Bien sûr, il est facile d'exceller quand tout le monde autour de vous le fait, mais il est plus difficile de performer si ceux qui vous entourent ne mettent pas l'épaule à la roue. »

— Message de l'Abeille

En général, les abeilles vivent en colonie, et à travers l'histoire, elles ont été considérées comme un modèle d'une société bien organisée et prospère. On peut voir le symbole de la ruche et des abeilles sur plusieurs armures et armoiries familiales, mais aussi sur des écussons d'universités et des en-têtes de lettres. Cette référence à l'abeille représente l'organisation et le maintien de l'excellence au sein d'une communauté. Les abeilles sont très organisées et comprennent que le succès d'une seule abeille permet la réussite de toutes. Le Six de Bâton est la carte de la victoire, même s'il s'agit d'une petite victoire. Comme l'abeille, vous avez bien joué votre rôle dans votre communauté et vous y avez ajouté de la valeur. Laissez les autres vous féliciter pour vos efforts avant de continuer. Sachez que le fait d'honorer votre réussite inspire et motive autrui à faire de même.

Affaires et carrière

Vous êtes sur le point d'être reconnu pour votre excellent travail. La conjoncture est favorable et plus de gens commencent à voir votre vraie valeur. Mais que cela ne vous monte pas à la tête. Soyez plutôt comme l'abeille et continuez à besogner et à faire de votre mieux, même si personne n'en est témoin.

Famille et relations

Dans un tirage sur les relations, le Six de Bâton indique que vous avez choisi le bon partenaire, ou que vous vous retrouvez finalement dans une position favorable dans votre relation. De toute façon, vous méritez des félicitations.

Santé et bien-être

Bravo, vous avez réussi et votre entourage veut célébrer votre succès. C'est une bonne chose, prenez le temps de savourer tout ce que vous avez accompli. Profitez-en, car vous aurez besoin de cette énergie bienfaisante la prochaine fois que vous vivrez un échec ou que vous serez face à un mur.

Questions de la carte du jour

- Comment célébrez-vous vos victoires personnelles ?
- Quels mentors ou modèles vous inspirent pour être une meilleure personne ?
- Que signifie pour vous le succès ?

Notes:

Sept de Bâton/Mouffette

« Je ne suis pas vraiment une batailleuse. Je préfère m'en tenir à mes propres capacités et traiter mon environnement avec autant de respect et d'honneur que possible. Toutefois, je dois parfois me défendre et je n'ai pas peur de le faire, mais seulement en dernier recours, à titre de prévention si les choses tournent mal. »

— Message de la Mouffette

À bien des égards, la mouffette a mauvaise réputation. Elle semble aussi mignonne et câline que n'importe quel chat ou chien, mais parce qu'elle possède une arme redoutable, les gens présument le pire de sa part. Il est vrai que vous n'avez pas envie d'être en face d'une mouffette en colère, mais à la vérité, il lui en faut beaucoup pour en arriver au point d'arroser quelqu'un. Si vous étiez coincé dans un coin, vous chercheriez aussi comment vous défendre. Le Sept de Bâton vous demande si vous êtes prêt à vous lever et à défendre tout ce que vous avez accompli. Il ne s'agit pas nécessairement d'une attaque physique. Parfois, ce sont vos propres croyances limitatives qui peuvent provoquer cette attaque. Pensez à cette carte comme à celle du doute avant la découverte ultime. Vous avez constaté que le Six de Bâton présageait une certaine réussite, et maintenant vous vous demandez ce qui s'en vient.

Affaires et carrière

Les affaires sont un sport d'équipe. Qu'on le veuille ou non, on ne va pas très loin par soi-même. Le Sept de Bâton vous dit qu'il est temps de commencer à parfaire votre équipe. Trouvez les personnes qui prendront votre défense, en particulier celles qui vous donneront un coup de main si vous vous sentez acculé au mur.

Famille et relations

Le Sept de Bâton vous demande si vous êtes prêt à défendre vos biens et si vous êtes fier de la vie que vous menez ? Toutes vos relations à long terme seront mises à l'épreuve, mais celles qui ont une base solide et qui font front commun seront encore là à la fin de l'épreuve. Pouvez-vous dire la même chose en regard de votre relation actuelle ?

Santé et bien-être

La mouffette vous dit que vous avez deux options. Soit vous joindre aux autres et créer votre propre club de sympathisants, soit vous lancer dans la bataille et défendre le travail que vous avez accompli : celui que vous êtes en train d'effectuer et celui qu'il vous reste encore à réaliser.

Questions de la carte du jour

- Dans quel domaine de votre vie vous sentez-vous constamment sur la défensive ?
- Combien de temps pouvez-vous tenir bon quand il s'agit de défendre vos rêves et vos objectifs ?

- Dressez la liste des personnes qui vous soutiennent et ce qu'elles font régulièrement pour vous.

Huit de Bâton/Cheval

« Libérez-vous de tout ce qui vous retient, car ce n'est pas le moment de vous engager envers les autres ou de vous charger d'un poids. Faites confiance à votre instinct et allez là où l'énergie vous fait avancer. La voie est maintenant libre et l'univers vous donne le feu vert pour courir aussi vite que vous en êtes capable. »

— Message du Cheval

Le cheval indique avant tout la liberté par le mouvement, et pour lui, c'est le plus grand don qui soit. Le Huit de Bâton vous fait savoir que votre liberté dépend de votre capacité à bouger, comment vous le faites, quand et à quelle vitesse. C'est souvent ce que vous ressentez lorsque vous êtes inspiré : vous bougez plus vite, vous pensez plus rapidement, vous prenez des décisions plus promptement. Tout se passe dans l'instant. C'est pourquoi il ne faut pas gaspiller votre dur labeur. Pour ce faire, il faut creuser profondément et atteindre la ligne d'arrivée par tous les moyens possibles, car vous ne savez pas quand l'énergie du Huit de Bâton repassera à nouveau.

Affaires et carrière

Il y a une urgence dans cette carte, pas une suggestion d'avancer, mais une réelle urgence à se lever et à courir. Les choses ne fonctionnent pas assez bien pour que vous restiez à ne rien faire en regardant.

Il y a un courant d'énergie qui passe et vous devez en faire partie. Le feu que vous avez laissé derrière l'As de Bâton brûle ardemment et il vous faut vous mettre en selle et faire ce qui doit être fait maintenant !

Famille et relations

Il est maintenant temps de bouger. Tous les obstacles ont été éliminés, du moins pour l'instant, alors qu'attendez-vous ? Sachez simplement que cette carte se déplace rapidement et que la porte ne restera pas longtemps ouverte.

Santé et bien-être

Vous avez travaillé dur et à présent, les choses commencent à changer en votre faveur. Des occasions s'offrent à vous et les possibilités que vous attendiez sont à votre portée pour que vous agissiez. Donnez-vous les moyens, parce que c'est le moment ou jamais.

Questions de la carte du jour

- Êtes-vous prêt à saisir cette énergie qui se déplace à toute vitesse ?
- Comment allez-vous gérer toutes les occasions qui sollicitent votre attention ?
- Quelle porte s'est ouverte que vous n'auriez jamais cru possible ?

Notes:

Neuf de Bâton/Bélier

« Si d'autres envient ce que vous possédez, il y aura toujours une autre bataille qui se profilera juste au coin de la rue. Mais ce que le guerrier non averti ignore, c'est que chaque combat vous rend plus fort, plus concentré et encore plus engagé vers votre objectif. Les cicatrices valent davantage que la réparation des plaies : ce sont des symboles de courage et d'honneur et chacune vous rend plus solide et plus résilient qu'auparavant. »

— Message du Bélier

Sur la carte, nous voyons le mâle dominant solitaire se préparer pour une autre saison à défendre sa dominance. Nous pouvons voir le prix qu'il doit payer physiquement pour son succès, mais ce qu'il nous est impossible de voir, c'est sa détermination à conserver ce qu'il a si chèrement obtenu. La toute première fois que j'ai vu un bélier, ou mouflon d'Amérique comme on les appelle aussi, c'était pendant une promenade en bateau sur le fleuve Colorado dans mon État natal du Nevada. Au début, il était difficile de les voir, car ils se dissimulaient habilement sur les rochers arides et brûlés par le soleil. Dire qu'ils choisissent des conditions de vie difficiles serait un euphémisme. Pourtant, d'une manière ou d'une autre, ils prospèrent là où les autres ne survivraient pas. Avec le Neuf de Bâton, nous voyons certaines des cicatrices dont vous avez hérité en suivant la piste, mais ce n'est pas le moment de lâcher prise. Vous avez travaillé longtemps et durement pour arriver là où vous en êtes. Puisez dans votre force intérieure et préparez-vous pour la dernière épreuve que vous devrez affronter.

Affaires et carrière

En affaires, il y en a toujours qui veulent voler vos idées ou essayer d'empiéter sur votre territoire. Le Bélier vous recommande de les laisser faire. Ils peuvent bien essayer d'être ce qu'ils ne sont clairement pas. Vous avez gagné votre place et ceux qui vous entourent le savent. N'oubliez jamais que vous serez toujours debout quand tous les autres auront échoué et seront tombés.

Famille et relations

Un couple qui est solidaire ne fléchit jamais. Les conjoints se rapprochent et soignent avec amour les blessures infligées par ceux qui semblent jaloux de ce qu'ils ont construit. Souvenez-vous que vous réussirez mieux ensemble que séparés. Renforcez votre détermination et permettez à votre relation de s'épanouir même lorsque les conditions sont difficiles.

Santé et bien-être

Il faut du courage et de l'endurance pour s'engager sur la voie de la guérison, car beaucoup voudront vous en dissuader ou vous distraire d'accomplir ce qu'ils se sont eux-mêmes incapables de faire. Le Bélier vous dit : gardez le cap et puisez dans l'intime conviction que vous faites exactement ce qu'il faut pour votre bien-être physique et spirituel.

Questions de la carte du jour

- Comment gérez-vous les obstacles et les objections ?
- Que faites-vous normalement lorsque les choses se compliquent ?
- Êtes-vous doué pour terminer ce que vous avez commencé ?

Dix de Bâton /Escargot

« Ma capacité à jouer à cache-cache me permet d'entrer en contact avec la renaissance de l'âme dans ses nombreuses formes physiques. Ainsi, les traînées gluantes que je laisse sur mon parcours suivent l'attraction magnétique naturelle de la terre pendant que je poursuis ma route. Je suis entièrement dans ce parcours et je n'ai besoin de rien de plus. Je peux vous montrer comment voler de vos propres ailes sans entraves et sans restriction. »

— Message de l'Escargot

L'escargot est une petite créature fascinante, avec sa coquille en spirale et ses traînées gluantes, sans parler de sa capacité à faire entrer tout son corps dans sa coquille puis en ressortir à nouveau. Avez-vous déjà remarqué que juste après la pluie, vous voyez des escargots en abondance dans le jardin ? C'est qu'ils ne se promènent pas sous la pluie, ni dans le froid extrême, ni dans la chaleur, d'ailleurs. Ils attendent que les conditions du voyage soient parfaites. Le Dix de Bâton vous fait savoir que vous avez effectué ce parcours jusqu'à la fin de la suite des Bâtons. Avec chaque carte, vous avez appris une nouvelle leçon dont le pouvoir est imprégné en vous. Mais pour savoir si vous comprenez vraiment ce pouvoir, vous devez d'abord laisser tomber vos bâtons physiques. À partir de ce moment, il n'est plus besoin de continuer à transporter votre passé avec vous. Les conditions sont bonnes pour vous décharger et commencer un nouveau voyage.

Affaires et carrière

S'il y a un bon moment pour déléguer, c'est maintenant. Vous assumez trop de responsabilités et si vous continuez, vous allez trébucher, tomber, et non seulement vous blesser, mais aussi affecter votre réputation professionnelle. Un leader doit savoir quand lâcher prise et quand concentrer son énergie sur des choses plus importantes.

Famille et relations

Dans une lecture consacrée aux relations, le Dix de Bâton vous informe que vous avez pris sur vos épaules plus que ce que vous pouvez réellement gérer. Vous avez perdu de vue vos propres besoins et désirs, et maintenant vous vous sentez submergé. Si vous ne rectifiez pas rapidement les choses, toute cette énergie ardente s'enflammera rapidement pour se transformer en colère et en ressentiment.

Santé et bien-être

Cette carte représente la charge que vous portez : le poids que vous avez transporté, tant au plan physique que vibrationnel. L'escargot vous fait savoir que vous n'en avez pas besoin, que vous n'en avez jamais eu besoin, et maintenant il est temps de vous en délester.

Questions de la carte du jour

- Avez-vous un problème lorsque vous devez dire non aux autres ? Si oui, pourquoi ?
- Quelles leçons avez-vous apprises que vous n'avez plus besoin d'apprendre ?
- Dans quel aspect de votre vie ressentez-vous de la colère et du ressentiment envers les autres ?

Notes:

As de Pentacle/Boursier

« Tout dans le monde physique fonctionne en un cycle de réincarnation. La même chose peut sembler inutile à l'un et être convoitée par l'autre. Nous avons tous besoin de choses différentes à des moments différents, alors soyez conscient de l'origine de vos ressources. Ne pas gaspiller pour ne pas être dans le besoin, telle est ma devise, et si vous êtes ouvert d'esprit, ce sera aussi la vôtre. »

— Message du Boursier

L'énergie de l'As de Pentacle ramène votre attention sur le monde matériel, un monde qui donne parfois une impression d'abondance. Pourtant, l'As de Pentacle ajoute une nouvelle perspective — ou une nouvelle direction — à votre situation actuelle. En fait, cette carte vous demande de bien regarder autour de vous et de vous assurer que vous utilisez à bon escient tout ce qui est à votre disposition. Le boursier est expert dans l'utilisation de ce qui semble être des déchets pour d'autres. Par exemple, ce petit coléoptère très efficace disperse les graines consommées par les grands herbivores, permettant à ces semences de germer et de pousser pour devenir de nouvelles plantes. Pour le boursier, le monde est un trésor d'abondance. Il n'y a rien que vous ne puissiez trouver. Vous devrez peut-être faire preuve d'un peu plus de créativité dans votre façon de penser et devenir un modèle de récupération.

Affaires et carrière

Cette carte vous offre la possibilité de considérer les ressources à votre disposition dans votre entreprise comme un puits d'abondance. Tout comme le boursier, vous avez peut-être déjà tout ce dont vous pourriez avoir besoin même si, à première vue, vous en avez sous-estimé l'importance. Refaites l'essai avec une vision créative et profitez de ces dons.

Famille et relations

Le moment est peut-être venu de revoir votre budget, car il est possible que vous ayez une plus grande marge de manœuvre que vous ne le croyiez. Tout n'a pas besoin d'être flambant neuf. Il est parfois possible de récupérer et de réutiliser les choses. Le boursier vous invite à jeter un coup d'œil dans votre maison et à voir si vous pouvez donner une nouvelle vie à certains objets.

Santé et bien-être

Un cadeau arrive dans votre vie, mais les apparences peuvent être trompeuses, et peut-être ne le percevez-vous pas encore comme le trésor qu'il est en réalité. L'As de Pentacle vous demande si vous êtes vraiment prêt à recevoir ce que vous espériez, peu importe sous quelle forme il se présente.

Questions de la carte du jour

- Quels nouveaux présents sont arrivés récemment dans votre vie, que vous n'avez pas encore explorés ?
- Comment pouvez-vous mieux utiliser ce que vous possédez déjà ?

- Où se trouve l'énergie de recyclage ou de réaffectation dans votre situation actuelle ?

Deux de Pentacle/Busard

« Chaque jour apporte quelque chose de nouveau à gérer. C'est comme un cycle sans fin de leçons, d'exigences et de corvées. Mais je sais que je ne suis pas seul et que mon entourage partage le même fardeau. Chacun d'entre nous ne peut gérer que ce pour quoi il est habilité. Ce qui signifie que nous portons chacun une petite part d'une vaste charge de travail commune, pour qu'ainsi aucun d'entre nous ne soit jamais submergé ou épuisé. »

— Message du Busard

Le busard vit dans le désert du sud-ouest des États-Unis. Contrairement aux autres faucons, ce prédateur aime garder son nid à proximité du sol, dissimulé et en sécurité. Cette situation permet au reste de l'équipe d'avoir un œil vigilant depuis le cactus situé au-dessus. Sur cette carte, nous voyons un nid avec la mère qui a les serres remplies. Le Deux de Pentacle indique une période de longue réflexion en ce qui concerne certaines responsabilités et objectifs personnels. Tout comme le busard qui doit partager son temps entre son nid et ses responsabilités envers le groupe, vous vous sentirez également tiraillé. Jongler avec les priorités ne durera pas éternellement, mais pour le moment, il vous faut y consacrer du temps et de l'énergie. Prenez exemple sur les techniques de stratégie du busard : gardez votre corps près du sol afin de le recharger quand vous commencez à vous sentir épuisé et accablé.

Affaires et carrière

Quand vous dirigez une entreprise, vous pouvez avoir l'impression de jongler en permanence. Il y a tellement à accomplir quotidiennement qu'il ne semble jamais y avoir assez de temps dans une journée pour terminer la liste de choses à faire qui ne cesse de s'allonger. Mais soyez réaliste, si vous n'avez pas d'aide, il vous faut vraiment en trouver. Apprenez à déléguer, en assumant les responsabilités qui répondent à vos compétences et en confiant les tâches moins importantes à quelqu'un d'autre. Vos clients et vos résultats financiers vous donneront raison à long terme.

Famille et relations

Le faucon sait fort bien que pour que tout soit fait, il doit collaborer avec d'autres membres de la famille et de la communauté. C'est un rappel essentiel : vous n'êtes pas censé tout faire tout seul. Vous êtes supposé travailler dans le cadre d'une équipe. Donc, si vous avez trop peur de demander de l'aide ou de déléguer des tâches, ce serait le bon moment de cesser de jouer les martyrs et d'agir plutôt comme un joueur d'équipe.

Santé et bien-être

Parfois, dans la vie, nous nous retrouvons dans des situations où il est facile de choisir une option plutôt qu'une autre. Mais pas cette fois. Que vous le vouliez ou non, vous devrez être à la hauteur et faire face à vos responsabilités actuelles. Reposez-vous quand vous le pouvez, mais ne perdez pas de vue l'ensemble de la situation.

Questions de la carte du jour

- Dans quelle mesure êtes-vous un joueur d'équipe ?
- Quelles tâches devez-vous déléguer à d'autres ?
- Quel genre de ressources auriez-vous besoin actuellement ?

Trois de Pentacle/Girafe

« Il n'y a rien de mal à vérifier la valeur d'une chose, mais n'oubliez pas que c'est juste une partie de ce que vous devez atteindre. Levez la tête et regardez où se trouve votre objectif ou votre rêve et commencez à avancer vers lui. En chemin, vous rencontrerez d'autres personnes qui seront prêtes à vous aider. Profitez de tout ce qui vous est offert, car seul, vous n'arriverez jamais là où vous voulez aller. Atteindre un objectif est un effort d'équipe ; souvenez-vous-en et vous serez largement récompensé. »

— Message de la Girafe

La girafe est surtout connue pour son cou incroyablement long. Cette structure osseuse unique est à la fois une bénédiction et une malédiction pour la pauvre bête, car la plupart des blessures de la girafe se situent dans son cou, et ces blessures peuvent très rapidement devenir mortelles. En effet, la chose la plus impressionnante chez ce bel animal est sa faille la plus vulnérable. C'est un peu comme se perdre dans sa propre vision. Si vous ne vous concentrez que sur votre vision, vous risquez de devenir une cible vulnérable.

Le Trois de Pentacle veut que vous atteigniez vos objectifs, mais il faut que vous soyez conscient que de rester inactif et plongé dans la rêverie crée à la fois un danger et un gaspillage d'énergie. Avec le nombre trois, il faut vous manifester, mais pas tout seul : vous avez besoin d'aide. Manifestation signifie collaboration, et la girafe en sait long sur ce sujet. Ne jouez pas les casse-cou. Au lieu de cela, étirez votre cou pour voir quelles ressources sont disponibles pour vous, puis allez vers elles.

Affaires et carrière

Aussi tentant que cela puisse paraître, ce n'est pas le moment d'oublier vos buts à long terme. Assurez-vous que vos objectifs quotidiens vous rapprochent de ce que vous recherchez et ne vous exposent pas à la distraction.

Famille et relations

Le travail d'équipe fait toujours avancer les choses plus rapidement et requiert moins d'énergie. Trouvez des gens dans votre entourage qui vous aideront dans vos objectifs. Vous pourriez aussi utiliser votre temps consacré aux activités sociales pour rencontrer de nouvelles personnes dont les désirs sont proches des vôtres.

Santé et bien-être

Votre corps, votre esprit et votre âme forment une équipe. Afin que vous puissiez atteindre votre objectif divin sur le plan physique, ils doivent tous travailler ensemble. Vérifiez et assurez-vous que vos pensées, vos sentiments et vos intentions correspondent à ce que vous désirez véritablement.

Questions de la carte du jour

- Quelles mesures de protection allez-vous mettre en place pour vous assurer d'être en sécurité et sur la bonne voie ?

- De quelles ressources manquez-vous en ce moment et comment allez-vous les acquérir ?
- Qui sont vos plus grands sympathisants et comment honorez-vous leur soutien ?

Quatre de Pentacle/Écureuil

« On dit qu'il ne faut pas abuser des bonnes choses. Mais arrive un temps où ces choses ne nous font plus de bien, et tout ce qu'il nous reste est inutile. Il est facile de se laisser entraîner dans la frénésie de vouloir toujours plus, mais quand est-ce que vous en avez assez ? Il y a tellement de choses qui peuvent faire votre bonheur en toute simplicité. Tout le reste ne fait que prendre de la place inutilement. »

— Message de l'Écureuil

L'art de ramasser et de se cacher est une partie essentielle de la vie quotidienne de l'écureuil. Cette petite bête investit beaucoup de temps et d'énergie dans la collecte de nourriture suffisante pour la soutenir pendant les mois d'hiver difficiles. Malheureusement, beaucoup de ce que l'écureuil met de côté finit par devenir inutile, car les graines germent pour devenir des plantes au début du printemps. Le Quatre de Pentacle nous montre que le travail acharné est payant, et qu'il vous est possible d'atteindre vos objectifs financiers si vous vous engagez à épargner ou à mettre des réserves de côté. Rappelez-vous simplement que l'argent n'est rien d'autre qu'une énergie et qu'elle doit circuler. Ici, il s'agit de donner et de recevoir, il ne suffit pas seulement de prendre et de mettre en réserve. Tout comme les noix oubliées deviennent inutiles à l'écureuil, les choses matérielles qui ne vous apportent plus de joie ne valent pas la peine d'être conservées.

Affaires et carrière

Vous constatez les résultats financiers de tout ce que vous avez accompli, mais ce n'est pas le temps de thésauriser. À la place, prenez un peu d'argent de votre réserve et commencez à regarder des moyens d'investir dans votre entreprise afin qu'elle puisse continuer sa croissance.

Famille et relations

Ce n'est pas le moment d'être avare avec vous-même ou avec les autres. Lorsque vous êtes délibérément radin, les gens en sont conscients, alors, cessez maintenant. Un peu de folie ne vous tuera pas, mais si vous stressez pour chaque sous que vous possédez ou ne possédez pas, soyez assuré que cela finira par vous tuer.

Santé et bien-être

Deux mots : journée spa ! Vous avez mérité des soins et votre corps en a besoin. Toute cette tension dans vos muscles doit être libérée d'une manière productive et saine. Les rides d'expression et les marques d'inquiétude ne sont pas seulement dommageables pour votre visage, mais elles le sont aussi pour les niveaux d'acide dans votre estomac. Lâchez prise, détendez-vous, votre corps et votre esprit vous remercieront plus tard.

Questions de la carte du jour

- À quoi tenez-vous vraiment ?
- Quelles choses mises en réserve avez-vous oubliées ?
- Comment vous récompensez-vous lorsque vous atteignez votre objectif ?

Notes:

Cinq de Pentacle/Chien viverrin

« On dit que dans ce jeu de la vie, il n'existe pas de joueurs passifs, que nous venons tous pour y jouer un rôle. Connaissez-vous votre rôle ? Certains viennent pour enseigner, d'autres pour apprendre, mais la plupart sont là pour les deux. Cependant, c'est vous qui décidez si les leçons que vous apprenez et le rôle que vous jouez seront faciles ou difficiles. C'est à vous de choisir, alors choisissez judicieusement. »

— Message du Chien viverrin

À moins que vous ayez un intérêt pour la fourrure ou le commerce des fourrures, il est fort probable que vous n'ayez jamais entendu parler du chien viverrin. Ce petit canidé est largement utilisé dans l'industrie de la fourrure et a récemment fait la une des journaux lorsque l'on a découvert que certains créateurs de vêtements se servaient de la fourrure du viverrin tout en essayant de la faire passer pour de la fausse fourrure. C'est ainsi que le Cinq de Pentacle vous avertit des répercussions de vos décisions. Mais en même temps, cela vous permet de savoir que les apparences peuvent être trompeuses. Bien sûr, un chargement de peaux de chien viverrin paraît inquiétant, mais cela indique aussi que le trappeur pourra nourrir sa famille au moins pour quelques jours de plus.

Le Cinq de Pentacle vous informe que votre situation actuelle est là pour vous servir de leçon. Découvrez comment et pourquoi vous vous accrocherez à cette énergie, et vous serez alors en mesure de sortir de l'isolement.

Affaires et carrière

Le chien viverrin est chassé seulement à cause de la demande des humains. Vos décisions sont-elles inspirées par vos besoins grégaires ou par un réel épanouissement spirituel ? Ces décisions détermineront finalement la façon dont les autres considèrent votre personne et votre entreprise.

Famille et relations

Si cette carte apparaît lors d'une lecture sur les relations, il y a de fortes chances que vos exigences soient un obstacle au résultat recherché. Si vous ne voulez plus recevoir un accueil glacial, vous devrez peut-être penser à changer de compagnie.

Santé et bien-être

Porter de la fourrure est une décision consciente et toutes les décisions conscientes ont des conséquences physiques. Votre corps commence-t-il à montrer les signes des décisions que vous avez prises au cours des années ? Votre corps est la meilleure référence pour comprendre comment vos décisions vous ont affecté à ce jour. Il est temps de faire l'inventaire de tout ce qui fonctionne et ne fonctionne plus.

Questions de la carte du jour

- À quelle expérience du passé vous accrochez-vous et qui ne vous sert plus ?

- Quel rôle avez-vous joué dans votre épreuve actuelle ?
- Comment pourriez-vous transformer votre énergie négative en énergie positive ?

Six de Pentacle/Poule

« Même si une seule personne suffit à initier un changement, cela prend la détermination de plusieurs pour transformer une pensée en une réalité. En tant qu'énergie isolée, il se peut que vous vous sentiez impuissant, mais grâce à l'énergie de beaucoup de gens, vous pourrez vaincre tous les obstacles sur votre route. »

— Message de la Poule

Dans mes nombreux cours portant sur les animaux totems, j'ai remarqué l'expression de ceux qui ont fini par choisir la poule comme leur guide animal. En fait, leur perception de ce guide animal magique était davantage associée à un mets qu'à un guide. Mais la nourriture a beaucoup à nous apprendre. Une seule poule peut sembler complètement inutile, mais les poules ne travaillent jamais seules. Oh non, elles sont très organisées et en un clin d'œil, elles peuvent passer de la passivité à l'agitation de la tempête. Je le sais — je l'ai vu de mes propres yeux — et c'est la raison pour laquelle je ne remettrai jamais les pieds dans un poulailler. Le but du Six de Pentacle est de rassembler des gens afin d'accomplir une action commune. Ce geste est souvent le don de quelque chose, que ce soit de l'argent, du temps, de l'aide ou des conseils qui aident les autres à atteindre un but ou un rêve. On pourrait dire que cette carte associée à l'énergie de la poule marque le début d'un mouvement, qui peut soit opérer un changement pour le mieux ou déclencher une émeute.

Affaires et carrière

Avez-vous déjà pensé associer votre entreprise à un organisme de bienfaisance ou à une organisation en laquelle vous croyez ? Ce genre de collaboration est gagnant-gagnant. Elle montre à vos clients et les clients potentiels que vous êtes quelqu'un de généreux et que pour vous, servir une cause est sacré.

Famille et relations

Permettez-vous à ceux qui vous entourent de vous aider ? La poule vous avertit que votre état de martyr peut prendre fin si vous vous en servez comme repas. Si vous essayez de tout faire seul, vous finirez par vous sentir isolé. Travaillez avec ceux que vous aimez et non contre eux, et voyez tout ce que vous pouvez réaliser ensemble.

Santé et bien-être

Êtes-vous prêt à améliorer les choses ? Le Six de Pentacle vous montre comment un geste minime peut entraîner d'importantes conséquences à long terme, mais êtes-vous vraiment prêt à les assumer ? Demandez de l'aide à ceux qui peuvent partager votre vision de la thérapie, ainsi vous amorcerez une étape vers la réussite.

Questions de la carte du jour

- Dans quelle mesure êtes-vous organisé ?
- Comment pouvez-vous offrir de l'aide à ceux qui vous entourent ?
- De quel genre de mouvement souhaitez-vous faire partie ?

Notes:

Sept de Pentacle/Élan

« Avez-vous déjà remarqué à quel point vous vous sentez agité lorsque vous êtes en attente de quelque chose ? Peu importe ce que vous faites, où vous allez, cette agitation persiste, bouillonnant sous la surface, faite d'un mélange d'anticipation et d'anxiété. Vous savez que quelque chose est sur le point d'arriver, et vous pouvez le sentir, pourtant tout se mettra naturellement en place au moment où vous vous serez libéré de cette anxiété. Commencez dès maintenant et lorsque tout sera en place, vous ne remarquerez même pas la différence. »

— Message de l'Élan

Sur cette carte, on voit un élan qui est au stade de l'adolescence, trop jeune pour s'accoupler et trop âgé pour jouer comme un petit. Tout ce qu'il peut faire c'est de pratiquer ce qu'il fera lorsqu'il sera temps de sortir de cette énergie intermédiaire et inconfortable. Le Sept de Pentacle symbolise l'expectative, lorsque cette carte apparaît, vous savez alors que vous êtes en période d'attente. La bonne nouvelle, c'est que tout comme le jeune élan, il n'existe qu'une seule direction que vous pouvez prendre, et c'est vers l'avant. Le bon moment est la clé de cette carte, car vous devrez être prêt lorsque les choses changeront et que vous pourrez avancer. Le jeune élan se prépare à ce changement en apprenant à être un élan adulte, il joue le jeu jusqu'à ce qu'il le devienne en quelque sorte. Le Sept de Pentacle vous suggère de faire de même.

Affaires et carrière

Vous avez peut-être l'impression que votre entreprise fait du surplace. C'est alors que l'énergie du Sept de Pentacle est bienvenue. Lorsque votre entreprise connaît une bonne croissance à l'interne, vous avez tendance à oublier le monde extérieur. Toutefois, ce n'est pas un signal pour que vous cessiez d'agir, mais plutôt pour que vous cessiez de douter. L'énergie est en mouvement, même si vous ne pouvez le voir pour le moment.

Famille et relations

Il faut du temps pour construire une bonne relation. Parfois, beaucoup, beaucoup de temps. Même si votre relation ne brille pas de tous ses feux pour le moment, cela ne veut pas dire que vous ne pouvez pas la changer. En fait, cette carte indique une importante embellie, alors ne renoncez pas encore. Au lieu de cela, soyez comme le jeune élan et faites semblant de voir un arc-en-ciel jusqu'à ce que vous puissiez vraiment le vivre.

Santé et bien-être

Votre corps est le dernier endroit où les choses se manifestent. Qu'il s'agisse de bien-être, de maladie, de gain ou de perte de poids, votre corps est le dernier à montrer les signes. Mais ce n'est pas parce que la guérison apparaîtra en dernier ressort qu'elle ne se manifestera pas ! La guérison est en cours, les choses changent, bougent et se transforment. Croyez de toutes vos forces que vous êtes sur le point de vivre une formidable percée, et vous entrerez vraiment dans le tourbillon du Sept de Pentacle.

Questions de la carte du jour

- Comment vous occupez-vous de votre jardin intérieur ?
- À l'instar du jeune élan, quel moyen utilisez-vous pour faire semblant jusqu'à ce que les choses se produisent ?
- Dans quels domaines de votre vie pensez-vous avoir atteint vos limites ?

Huit de Pentacle/Chèvre de montagne

« Si vous regardez attentivement, vous remarquerez que je ne suis pas aussi maladroite qu'autrefois sur ces rochers. Je vois, sur chaque endroit que je dois franchir, une marque particulière. Chaque fois que je traverse cette partie de la montagne, je gagne de l'assurance. Vous aussi développerez votre confiance et votre assurance par rapport à ce que vous êtes et ce que vous avez à offrir, à chaque pas que vous franchirez. Rappelez-vous simplement la règle d'or : ne regardez pas en bas. »

— Message de la Chèvre de montagne

Alors que votre vie dépend de chacun de vos pas, assurez-vous que vous maîtrisez bien votre escalade. C'est exactement ce que fait notre chèvre de montagne dans les Rocheuses. Ce chemin est celui qu'elle doit imprégner dans sa « mémoire musculaire ». Lorsque vous consacrez du temps à maîtriser votre art, vous construisez aussi votre mémoire musculaire. Cette mémoire devient ensuite une habitude, et en un rien de temps, quelque chose qui semblait autrefois difficile est devenu une seconde nature. Le Huit de Pentacle vous dit de vous accrocher et d'aller de l'avant. Plus vous pratiquerez, meilleures seront vos compétences, et bientôt, vous et votre art seront sollicités.

Affaires et carrière

Le Huit de Pentacle vous conseille de travailler comme si personne ne regardait — ou comme si personne ne s'en souciait, en fait. Continuez à faire ce que vous faites le mieux, car cela signifie quelque chose pour vous, et pour vous seul. Cette carte implique souvent de consacrer du temps et des efforts supplémentaires pour amener votre art au niveau que vous recherchez. Sous l'influence de cette carte, il n'y a pas de place pour les demi-mesures, parce que si c'est le cas, vous et vous seul en paierez le prix.

Famille et relations

Il est temps de retrousser vos manches et de vous consacrer à votre mission, qui consiste à exceller dans vos relations familiales, sociales et amoureuses. Quand vous entamez une nouvelle relation, vous savez si vous donnez tout, ou si vous faites semblant. Le Huit de Pentacle vous demande d'être plus attentif et présent pour votre entourage.

Santé et bien-être

Lorsque la chèvre de montagne apparaît, elle vous fait savoir que chacun de vos pas vous rapproche de vos objectifs de santé et de bien-être. Cela signifie que chaque étape est une victoire personnelle.

Rappelez-vous, la santé est un parcours difficile et il faut de la pratique pour suivre cette nouvelle voie de bien-être. Sachez simplement qu'avec le Huit de Pentacle de votre côté, vous allez vraiment constater vos progrès.

Questions de la carte du jour

- Dans quel aspect de votre vie avez-vous besoin de faire plus ou d'être plus présent en ce moment ?
- Quelles compétences aimeriez-vous affiner juste pour le plaisir ?
- À quel point avez-vous gagné de l'assurance face au monde qui vous entoure ?

Neuf de Pentacle/Tortue

« Vous possédez déjà tout ce dont vous avez besoin, exactement là où vous êtes. Alors, prenez votre temps, ralentissez et permettez-vous de vous arrêter et de humer le parfum des fleurs. Il est bon de se détendre un instant, car l'endroit où vous vous trouvez est sûr et protégé. Ici, dans ce jardin, personne n'a besoin ou ne veut rien de vous. Détendez-vous, respirez profondément et appréciez vos bienfaits. »

— Message de la Tortue

La tortue géante est l'une des créatures les plus fascinantes de la terre. Elle se déplace lentement, à son rythme, et transporte toutes ses possessions partout où elle va. Tout ce dont elle pourrait avoir besoin est là, dans sa carapace entièrement protégée et dissimulée des regards indiscrets. Comme elle vit bien au-delà de 100 ans, ce tendre géant se déplace à son propre rythme : une cadence beaucoup plus lente, où tout est prévu et où tout arrive exactement au moment propice, pas une seconde avant. Le Neuf de Pentacle est la carte qui nous indique comment construire et maintenir des ressources sur le long terme. Sur cette carte, rien n'est à court terme. Le jardin dans lequel se trouvent les Pentacles et la tortue nous montre aussi comment les choses grandissent, changent et se régénèrent avec le temps. Le Neuf de Pentacle nous offre une leçon sur l'endurance et le long terme. Il faut donc faire maintenant ce qu'il se doit pour que vos besoins futurs soient déjà assurés.

Affaires et carrière

Lorsqu'il est question d'affaires, il est très facile de se faire prendre par l'appât du gain. Mais l'argent en soi ne fait que circuler, ce qui reste c'est la richesse. Toutefois, il ne faut pas confondre la richesse et l'argent, car il s'agit de deux mentalités totalement différentes. Quel état d'esprit utilisez-vous pour développer votre entreprise ?

Famille et relations

La tortue se déplace lentement. Elle n'est pas pressée, elle prend le temps de goûter au paysage. Faites-vous la même chose dans votre relation actuelle ? Prenez-vous le temps d'apprécier le moment présent avec votre partenaire, ou êtes-vous préoccupé par ce qui adviendra ensuite ? Cette carte vous informe que tout ce dont vous avez besoin pour que votre relation se développe est déjà là. Il vous suffit d'être présent et d'en prendre conscience dans l'instant.

Santé et bien-être

Aimeriez-vous avoir l'espérance de vie et la santé d'une tortue ? Si oui, il vous faudra acquérir les attributs de la tortue. Ralentissez, prenez votre temps dans tout ce que vous faites, y compris manger et profiter de votre espace vital. La santé n'est pas une course jusqu'à la ligne d'arrivée ; c'est un parcours de dévouement et de dévotion envers votre vaisseau physique, et pour y arriver, il faut y consacrer du temps.

Questions de la carte du jour

- Êtes-vous attiré par l'appât du gain ou voulez-vous créer de la richesse ?
- Avez-vous besoin de ralentir pour ainsi apprécier tous les bienfaits que vous possédez déjà ?
- Quel bien devez-vous protéger afin qu'il puisse croître et se multiplier ?

Dix de Pentacle/Lapin

« Certains disent que j'attire la chance, d'autres me considèrent comme un animal nuisible, mais personne ne remet en question ma capacité à me reproduire rapidement. Il y a une raison pour laquelle nous nous reproduisons si abondamment. Cela fait partie de notre survie : une part de notre héritage. Plus nous créons, plus nous devons partager. Nos dons ne profitent pas seulement à nous, mais aussi à ceux qui nous entourent. Nous jouons tous un rôle dans ce monde, même s'il arrive parfois que ce rôle soit de finir dans l'assiette de quelqu'un ! »

— Message du Lapin

Le lapin est sans aucun doute un symbole de grande fécondité. Qui n'a pas entendu l'expression « se reproduire comme un lapin » ? Associé au Deux de Pentacle, le lapin souhaite que vous preniez conscience que l'argent n'est pas tout. Vous avez peut-être terminé votre voyage à travers la suite des Pentacles, mais il vous reste encore beaucoup à découvrir dans ce monde physique. À bien des égards, cette carte vous dit : « Bravo, tu y es arrivé ; maintenant tu fais quoi ? » L'énergie du lapin se déplace rapidement, ce qui signifie que ce moment ne durera pas longtemps si vous n'agissez pas promptement. Vous pouvez admirer votre œuvre, mais préparez-vous à passer à quelque chose de plus significatif et durable.

Affaires et carrière

Le lapin symbolise davantage l'héritage que l'accumulation de biens. Andrew Carnegie a déjà dit que si son but divin était de gagner de l'argent autant que possible dans la première moitié de sa vie, c'était pour mieux le distribuer dans la dernière partie de sa vie. Alors, comment se souviendra-t-on de votre entreprise et comment construira-t-elle un héritage en dehors de ses profits ?

Famille et relations

Comment pouvez-vous faire profiter des bienfaits de votre famille à votre communauté ? Pouvez-vous apporter un sac d'épicerie à votre banque alimentaire locale ? Vous joindre à votre famille et à vos amis pour faire un don à une cause en laquelle vous croyez tous ? Le lapin et le Dix de Pentacle vous demandent de partager vos avoirs avec ceux qui vous entourent.

Santé et bien-être

Aujourd'hui, estimez-vous béni. Exprimez votre gratitude avec force et faites savoir à l'univers que vous voulez encore plus de ses bienfaits. Pour le moment, concentrez-vous sur ce que vous avez et laissez les sentiments de grâce se multiplier jusqu'à ce qu'ils comblent tout votre être.

Questions de la carte du jour

- Le lapin vous demande : que ferez-vous si tous vos besoins étaient comblés ?
- Comment allez-vous conserver vos ressources et maintenir votre bien-être et votre abondance ?

- Quels dons avez-vous cachés qui pourraient profiter à votre entourage ?

Chapitre 8

Explorer votre jeu

Dans ce chapitre, je vous guiderai dans l'apprentissage de trois tirages qui, je trouve, fonctionnent bien avec ce jeu particulier. Non pas que d'autres ne seraient pas efficaces, mais ces trois s'harmonisent de manière plus cohérente autant avec les énergies des animaux qu'avec la structure du tarot. Ce sont ceux dont je me sers le plus souvent avec les clients qui veulent en savoir plus sur leurs animaux guides et comprendre comment investir l'énergie de ces derniers dans leur vie quotidienne.

Premier tirage — Le mât totémique intérieur

Je dois admettre que je ne suis pas la créatrice du mât totémique intérieur : c'est une méditation que j'ai trouvée dans les œuvres de Ted Andrews, et j'en ai utilisé des variantes dans divers cours et ateliers que j'ai donnés au cours des années. Mais je voulais sortir ce voyage intérieur du domaine de l'esprit et l'amener dans celui de l'univers physique, et c'est ainsi que j'ai fini par l'intégrer au tarot. Je travaille avec ce tirage depuis quelques années maintenant, et j'ai ainsi pu aider des centaines de mes clients à mieux comprendre leur pouvoir intérieur, qui n'attend qu'une chose : être exploité. Je souhaite qu'il en soit de même pour vous.

Alors, commençons.

Pour ce tirage, nous utiliserons seulement les arcanes majeurs, ce qui signifie que vous devrez séparer ces 22 cartes du reste du jeu. Ceci fait, mettez de côté les autres cartes, puis mélangez les cartes des arcanes majeurs. Déployez-les devant vous, face cachée.

Servez-vous de la paume de votre main pour glisser sur les cartes qui vous font face. Dès le moment où l'une des cartes réchauffe la paume de votre main, ramassez-la, mais ne la regardez pas, et déposez-la à côté de vous. Posez votre main sur les cartes étalées, et attendez encore pour sentir la chaleur s'élever jusqu'à votre paume : prenez cette carte et déposez-la face cachée au-dessus de la première que vous avez tirée. Nous disposons les cartes vers le haut, en commençant par le sol jusqu'au ciel, à l'instar du totem. Posez votre main sur les cartes étalées et attendez de ressentir la chaleur. Répétez ce processus jusqu'à l'obtention de huit cartes, face cachée, formant votre totem.

Gardez vos cartes face cachée ; retournez-les une par une pendant que vous imprégnez l'énergie, non seulement dans les cartes, mais aussi dans votre propre corps. En retournant chaque carte, imprégnez-vous de cette énergie et observez ce que vous ressentez. Sentez-vous libre de bouger et de vous pencher vers chaque énergie à mesure que vous développez votre totem intérieur, pour apprendre à connaître votre pouvoir intérieur. Souvenez-vous que la force du totem réside dans l'attention portée à la solidité de chaque couche. Alors, prenez votre temps et ne vous pressez pas pour effectuer ce tirage.

Carte un : La Terre sur laquelle vous grandissez

Cette carte représente la terre fertile, où tout ce que vous créez est enraciné et se développe. Il n'est pas question des racines elles-mêmes, mais bien de la terre dans laquelle elles croissent, se développent et se nourrissent. C'est le pied de votre totem qui retient tout le reste. Elle vous fournit les lignes directrices pour tout ce qui suit et elle représente la première étape de votre processus. C'est de cette carte que vous tirerez d'abord votre pouvoir.

Ne vous inquiétez pas si l'animal sur la carte que vous avez tirée n'est pas aligné sur les énergies terrestres. Lisez le message de l'animal, puis voyez ce que le tarot lui-même peut vous offrir. Dans cette position, il n'y a pas de mauvaises cartes et il est important de noter que chacune vous apporte un présent pour vous soutenir, une occasion de grandir et de nourrir votre voyage. C'est à vous de voir le présent dans la terre où vous avez planté vos racines.

Jetez un coup d'œil sur la carte qui se trouve dans cette position. Quel genre de fondation avez-vous ? Est-elle agréable et solide comme la terre elle-même, ou est-elle plus fragile et instable ? Que devez-vous faire pour garder cette partie de votre totem solide et saine ? Quelles sont les forces que vous offre l'animal dans cette position et qu'il vous est possible d'exploiter pour renforcer votre situation actuelle ?

Carte deux : Les racines

Dans tous les sols de qualité reposent des systèmes radiculaires de plantes et d'arbres sains et abondants. C'est ce genre de système qui amène les nutriments indispensables au reste de votre totem. À bien des égards, il vous alimente et vous nourrit afin que vous puissiez grandir et vous développer. Plus le sol est riche, plus les racines sont vigoureuses, ce qui signifie que les cartes un et deux fonctionnent main dans la main, permettant à votre totem de demeurer droit et fort.

Les racines saines ont beaucoup d'espace pour s'étaler : certaines se déploient sur les côtés et d'autres aiment s'enfoncer plus profondément dans la terre. Mais il peut arriver que les racines atteignent leur limite, incapables de s'étirer et de grandir. Si vous avez déjà transféré une plante d'un petit pot dans un plus grand ou carrément dans le sol, vous avez vu comment les racines peuvent s'enchevêtrer et même s'étrangler les unes les autres.

Examinez bien la carte dans cette position. L'énergie de cette carte a-t-elle besoin de beaucoup d'espace pour se déplacer et se développer, ou serait-il préférable qu'elle soit contenue ? Comment fonctionne-t-elle par rapport au sol dans lequel elle doit pousser ? Votre animal est-il plutôt solitaire ou est-il organisé et doté d'un esprit communautaire ? De quel pouvoir cette carte dispose-t-elle pour vous aider dans votre situation actuelle ?

Carte trois : Créer, régénérer et donner naissance
L'animal qui est aligné sur cette position dans votre totem est installé sur votre siège de création. Cette carte tire l'énergie vitale des racines et lui donne une forme physique. Le repère d'eau sur votre mât totémique est rempli d'émotions et il est possible qu'il soit tourmenté par les souvenirs du passé. Là où il y a de l'eau, il y a de la vie, mais aussi des flots, des courants, des contre-courants et le calme. Non seulement la carte que vous avez placée à cet endroit équilibre-t-elle vos émotions, mais elle vous indique aussi des façons de gérer votre passé en vous servant uniquement de l'amour et des leçons pour construire dans l'avenir une nouvelle énergie créative.

Dans chaque aspect de notre vie, nous créons quelque chose. En affaires, nous travaillons pour générer de l'argent et mieux développer notre expertise dans notre domaine. Dans les relations, nous cherchons à créer la passion, l'harmonie et l'unité. En santé, nous cherchons à développer un corps fort et résilient.

Si nous cherchons à atteindre un objectif, alors il existe un résultat que nous souhaitons obtenir. Lorsque vous comprenez le pouvoir de cette partie de votre totem, vous facilitez ainsi tout le processus de création.

Tenez cette carte au niveau des yeux. Examinez-la attentivement et dites à voix haute : « Je suis la personne qui ressent... » (remplissez le blanc). Il suffit de tirer l'énergie de la carte elle-même ; à ce stade, vous n'avez pas à lire sa signification dans le livre. Les couleurs, l'animal, la composition et l'aspect visuel global de la carte déclencheront automatiquement une réponse émotionnelle en vous. Laissez ce ressenti couler jusqu'à ce que vous ayez l'impression d'avoir fini. Allez maintenant vérifier le message et la signification de la carte, et voyez comment tout cela s'harmonise avec ce que vous ressentiez au départ.

Si la vue de l'image d'ensemble vous fait peur ou vous incommode, mais que la signification vous fait l'effet contraire, vous pourrez savoir quel aspect de votre passé joue un rôle dans votre réaction émotionnelle au monde qui vous entoure. Utilisez l'animal pour renforcer ces sentiments et ainsi guérir votre centre de création. Mais si à la vue de l'image, vous vous sentez rassuré et en paix, mais que ce n'est pas le cas en lisant la signification, alors expliquez pourquoi. Qu'y a-t-il dans la signification de la carte qui vous dérange tellement ? Utilisez ce contraste pour explorer les éléments de votre passé qui l'emportent sur votre désir de paix et de calme dans votre vie actuelle.

Carte quatre : Action, inspiration et réaction

C'est le siège de votre mât totémique qui émerge de votre centre de création. Ici vos émotions vous disent si oui ou non l'énergie dans cette position suscitera l'action, ou si elle provoquera une réaction explosive. Ce siège est l'endroit où vous trouverez l'énergie de l'enfant intérieur. Votre animal et votre carte vous feront savoir ce que ressent cet enfant. Prêtez une attention particulière à ce que vous voyez ici, car c'est l'énergie que vous apportez dans le monde qui vous entoure. À ce stade, l'énergie n'est jamais intériorisée, mais plutôt présente dans chacune de vos décisions, chaque personne que vous rencontrez et chaque situation que vous vivez.

Un enfant intérieur sain, heureux et équilibré nous permet d'apporter l'énergie de la force et de la confiance à nos actions, sachant que chaque fois que nous avancerons d'un pas, des bienfaits nous seront accordés et nous nous rapprocherons du destin divin de notre âme. Si notre enfant intérieur est malheureux, en colère et blessé, notre vie sera remplie de sabotage, de confusion et de destruction, et nous resterons piégés dans le rôle de la victime. L'animal qui se présente dans cette position apporte le don de guérir l'énergie autour de votre enfant intérieur, et lui permet de vivre des moments d'émerveillement et d'inspiration, au lieu de faire du surplace et d'exiger toute votre attention.

Examinez la carte que vous avez tirée pour cet emplacement. Prenez note de l'élément auquel elle est rattachée et comment cet élément travaille conjointement avec le pouvoir du feu. Est-ce que cette carte attise les flammes du feu ou les éteint-elle ? Peut-elle être utilisée pour contrôler le feu, vous permettant de vous élever avec les flammes au besoin, mais de les calmer suivant votre humeur. Puis, tenez la carte au niveau des yeux et dites la phrase suivante à voix haute : « Mon enfant intérieur me permet de… » (remplissez le blanc).

Carte cinq : Le cœur du médiateur

À bien des égards, cette carte représente l'énergie du médiateur dans votre totem. Il apporte les énergies d'en haut et d'en bas et les fusionne en une seule. Il renvoie les énergies supérieures dans la terre pour les régénérer et élève les énergies de l'émotion et de l'action jusqu'au niveau de la pensée et de la conscience. C'est comme si tout conflit se résolvait ici, au cœur du totem. Car rien ne peut avancer sans d'abord franchir cet espace, de même que rien ne peut être libéré.

L'animal placé dans cette position de votre mât totémique vous permettra également de savoir comment vous traitez vos sentiments concernant l'amour — pas vos émotions, mais vos sentiments. Les émotions sont basées sur la mémoire, alors que les sentiments sont vibratoires. Permettez-moi de vous donner un exemple : si vous avez ici un élément de l'air, alors pour vous, l'amour est une question rationnelle : tout se passe en premier lieu dans votre tête. S'il s'agit de l'élément de l'eau, alors pour vous l'amour est vraiment une expérience émotionnelle que vous avez vécue à maintes occasions à partir des souvenirs de votre passé. Si c'est l'élément de la terre, alors il y a de fortes chances que vous soyez beaucoup plus pragmatique en amour. Et si vous y découvrez l'élément du feu, alors attention : des étincelles vont se mettre à voler !

Alors, comment votre médiateur traite-t-il la question ? Comment bat le cœur de votre totem ? Quelles sont vos forces ou vos faiblesses basées sur le cœur ? Comment pouvez-vous utiliser le message de cette carte pour transformer votre situation de vie actuelle en un acte d'amour ? Souvenez-vous, si les choses dans votre vie semblent stagner, vous pourriez vouloir revenir et vérifier avec le cœur de votre mât totémique, car c'est ici que vous verrez la cause de votre conflit de même que la façon de le résoudre.

Carte six : Communication

Une fois que l'énergie de votre mât totémique se déplacera vers le médiateur, il livrera un message. Pouvez-vous l'entendre ? Écoutez-vous ? Savez-vous comment vous recevez les informations ? La carte, dans cette position, vous montre comment vous écoutez et communiquez avec le monde qui vous entoure. Chacun de nous adopte une manière différente de donner et de recevoir des informations, et l'animal situé à cet emplacement est sur le point de déverrouiller les portes secrètes de votre réseau de communication.

D'autres études pourraient être nécessaires à ce stade sur la façon dont votre animal entend et parle réellement. A-t-il des oreilles ? Entend-il à travers ses sentiments ? Comment communique-t-il avec les autres ? Chante-t-il, et si oui, quel est le but de son chant ? Saviez-vous que ce n'est pas grâce à ses énormes oreilles que l'éléphant entend ? En fait, il écoute à travers la plante de ses pieds, en reliant son processus de communication aux vibrations de la terre. Pour ce qui est des singes, ils excellent à se décoder grâce au langage corporel.

Alors, comment entendez-vous et comment écoutez-vous ? Souvenez-vous, écouter et entendre ne sont pas la même chose. On peut entendre les paroles prononcées, sans écouter le sens, et donc transformer les mots en un simple bruit de fond. Nous voulons tous être entendus, ce qui signifie que nous devons écouter en retour. Il faut donc permettre à la carte, dans cette position, de vous montrer comment communiquer et recevoir les messages de façon respectueuse, de sorte que vous puissiez honorer votre besoin d'être entendu de même que les besoins de ceux qui vous entourent.

Carte sept : Tout est dans le regard

La vision est bien davantage que la simple vue de ce qui est devant vous. C'est ce qui vous permet de percevoir ce qui est invisible aussi clairement que ce qui est visible. La vision consiste à être en mesure de voir la carte géographique, le trajet et la destination en même temps. Une fois que l'énergie aura atteint ce point dans votre mât totémique, vous commencerez à voir des lueurs de ce qui pourrait être — ou ne pourrait pas être. Vous recevez des idées de ce qui pourrait potentiellement se passer. En effet, c'est ici que l'ensemble du tableau commence à se préciser.

Alors, que voyez-vous ? Est-ce une image complète, ou y a-t-il des pièces manquantes ? Si quelque chose s'est perdu dans la transcription de votre centre de communication, il vous sera peut-être difficile de vous faire une image claire de ce qui est né dans ce centre de création. Heureusement pour vous, votre animal est là pour vous aider à assembler toutes les pièces. Tout comme la carte précédente, d'autres études pourraient être nécessaires afin de vraiment comprendre comment voit votre animal. Voit-il en couleur, ou en noir et blanc ? Peut-il créer des images visuelles avec ses yeux, ou comme la chauve-souris, crée-t-il des cartes 3D en faisant réverbérer le son de son environnement ?

Tous les yeux ne sont pas les mêmes et certains voient mieux que d'autres. Certains voient clairement dans l'obscurité mais sont aveuglés par la lumière, et d'autres ont besoin de la lumière pour voir quoi que ce soit. Alors, comment voyez-vous le mieux, les yeux grands ouverts ou fermés ? Souvenez-vous, pour stimuler l'énergie croissante dans votre mât totémique, vous devez être en mesure de le voir clairement formé et déjà existant dans le monde matériel. En cas de doute, revenez à la carte dans cette position.

Carte huit : Le sommet du mât totémique — la conscience
Notre dernier arrêt est, bien sûr, le sommet du totem, la position qui supervise tout en dessous. Une fois que l'énergie a voyagé jusqu'à ce point, il est temps de l'envoyer dans le monde qui vous entoure, grâce à votre conscience de ce que vous créez et pourquoi vous le créez. L'esprit doit demeurer concentré afin de permettre à l'énergie de votre mât totémique d'augmenter constamment et d'attirer vers vous tout ce que vous souhaitez expérimenter. Un esprit non focalisé, ou un esprit non conscient, créera au hasard et de manière incohérente, n'apportant rien, si ce n'est que de la confusion et de la frustration dans votre vie.

La carte que vous avez placée dans cette position vous montre comment maîtriser votre esprit et l'amener à une prise de conscience afin que vous puissiez transmettre vos requêtes à l'univers, puis vous retirer et laisser l'univers vous répondre en se manifestant pleinement. Vous pouvez et vous devriez passer du temps à méditer avec cette carte, car plus vous vous unirez à son énergie, plus elle s'ouvrira à vous. En fait, si vous avez du mal à empêcher votre esprit de s'emballer, sortez cette carte et regardez-la. Laissez-vous attirer par elle, ancrez-vous et soyez conscient uniquement de son image et du moment présent.

L'animal installé au sommet de votre mât totémique travaille main dans la main avec l'animal qui est situé en bas. Ensemble, ils vous maintiennent en équilibre, ils font circuler votre énergie et vous permettent de guérir, de créer et d'aimer. Alors, qui supervise votre cheminement spirituel en tant qu'être physique ? Comment s'assurent-ils que vous gardiez les pieds sur terre pendant que vous visez les étoiles ? Quels conseils et idées cette carte vous donne-t-elle pour garder votre esprit concentré ? Et enfin, comment fonctionne votre conscience ?

Toutes mes félicitations ! Vous avez créé votre mât totémique intérieur. Toutefois, on ne doit pas utiliser ce tirage sur une base régulière. Au contraire, c'est le genre de tirage dont on se sert une fois par décennie. Je vous propose de le refaire que si vous venez de vivre un grand bouleversement, ou si vous remarquez qu'un cycle de votre vie a pris fin, et qu'en tournant ainsi la page, vous vous êtes transformé et vous avez grandi au-delà de votre être précédent. N'oubliez pas non plus qu'il n'existe pas de mauvaises cartes dans ce tirage. Le simple fait que vous n'aimez pas la carte que vous avez pigée ne signifie pas qu'elle n'est pas bonne ; c'est simplement que vous avez des points de résistance à surmonter. Il s'agit d'un processus, alors profitez simplement de l'exploration et travaillez à construire et à déplacer l'énergie à travers votre totem intérieur.

Deuxième tirage — Tirage de l'archétype

Ce deuxième tirage vous permet de commencer à explorer les différents visages et les énergies des familles royales. En outre, il est recommandé s'il s'agit d'une situation, d'un problème ou d'une préoccupation qui vous implique ou d'autres personnes. À bien des égards, ce tirage vous permet de voir avec détachement les différents visages que vous affichez par rapport à votre requête. Il ne faut donc pas prendre les cartes à titre personnel ;

rappelez-vous que les cartes ne sont nullement attachées à l'issue d'un problème et qu'elles n'ont aucun intérêt émotionnel dans le résultat final. Elles veulent simplement vous offrir la meilleure guidance dans votre exploration.

Pour ce tirage, nous ne travaillerons qu'avec les cartes royales ou cartes de la Cour ; alors, séparez-les de votre jeu. Étalez-les simplement devant vous, face cachée. Prenez un moment, croisez vos mains et fermez les yeux en posant votre question. Avant d'ouvrir les yeux, assurez-vous que la question est bien formulée dans votre esprit. Puis, ouvrez les yeux et sélectionnez trois cartes, en les gardant face cachée, pour le moment. Déposez-les l'une après l'autre, dans une rangée de trois.

1. La première carte représente comment vous envisagez d'agir dans cette situation particulière.
2. La deuxième carte représente comment les autres vous voient faire dans cette situation.
3. La troisième carte représente comment vous devriez procéder pour régler cette situation.

Comme en avons discuté brièvement au chapitre 2, les cartes de la Cour apportent une dimension plus humaine à votre lecture, ce qui en fait des cartes idéales pour explorer nos différents rôles et comment ils sont perçus par les autres. Cela dit, examinez les cartes qui se trouvent maintenant devant vous. Prenez note de l'âge, de l'élément et du rôle joué par ces personnages. Y a-t-il une grande différence entre votre perception de vous-même et celle des autres ? Prenez aussi note du rôle que vous devrez jouer afin d'apporter une solution à cette situation.

Votre ego n'a pas sa place dans ce tirage. Donc, si vous vous sentez quelque peu offensé par la façon dont les autres vous perçoivent, je vous suggère de prendre une profonde respiration et de vous rappeler que la perception n'est pas tout — mais c'est peut-être ce qui explique que rien ne fonctionne comme vous le voulez. Demandez-vous ce qu'il y a de plus important en ce moment, soit laisser ce problème derrière vous, soit tenir compte de la perception des autres. N'oubliez pas qu'une fois que vous entrerez dans l'énergie de la dernière carte, les perceptions changeront et les choses commenceront à se mettre en place, exactement comme elles devraient l'être.

Nous jouons tous de nombreux rôles dans ce jeu de la vie. Certains nous plaisent et d'autres pas. Mais à la fin, une seule chose compte : comment le résultat final nous permet d'avancer le long de notre cheminement.

Troisième tirage – Tirage concernant la situation

Dans ce tirage, nous allons explorer les arcanes mineurs et comment ils peuvent nous aider dans nos préoccupations quotidiennes. Souvent, lorsque nous sommes à la recherche de conseils, nous faisons l'une des deux choses suivantes : soit que nous espérons que notre intuition ou nos pensées sont justes, ou nous voulons simplement que quelqu'un d'autre nous dise quoi faire. D'une manière ou d'une autre, il existe un autre volet inconnu de beaucoup d'entre nous, c'est ce que le subconscient enregistre. Le tirage qui suit vous permettra non seulement de puiser dans le souffle divin pour vous guider, mais aussi de permettre à certains aspects du subconscient de se manifester et de s'installer au premier plan de votre processus de prise de décision consciente.

Pour ce tirage, seules les cartes des arcanes mineurs seront nécessaires. Séparez-les de votre jeu et mettez de côté les cartes dont vous n'avez pas besoin. Ensuite, divisez les cartes en suite, ce qui vous donnera quatre piles : une pour les Coupes, une pour les Bâtons, une pour les Épées, et une pour les Pentacles. Pour l'instant, placez les quatre piles face cachée. Prenez une feuille de papier et coupez-la en quatre parts.

1. Sur la première part, écrivez : « Qu'est-ce que je ressens vraiment dans cette situation ? »
2. Sur la deuxième, écrivez : « Qu'est-ce que je pense vraiment de cette situation ? »
3. Sur la troisième, écrivez : « Comment cette situation affecte ma vie quotidienne ? »
4. Et sur la dernière, écrivez : « Quelle est la prochaine étape pour cette situation ? »

Déposez le premier morceau de papier devant vous et prenez la pile des Coupes. Mélangez les cartes et étalez-les, face cachée. Glissez doucement votre main sur les cartes jusqu'à ce que vous ressentiez de la chaleur, des picotements ou une traction venant de l'une des cartes. Retournez cette carte et placez-la sur le morceau de papier. Prenez maintenant le deuxième papier, déposez-le à côté du premier et ramassez la pile des Épées. Mélangez, étalez et pigez à nouveau une carte en la plaçant face visible sur le papier. Prenez le troisième morceau et placez-le face visible à côté du second papier. Cette fois-ci, prenez la pile des Pentacles, mélangez les cartes et pigez-en une. Placez-la face visible sur le troisième papier. Déposez votre dernier morceau de papier à la fin de la rangée, et en utilisant la dernière pile de cartes, les Bâtons, mélangez, étalez et pigez-en une en la déposant sur le dernier morceau de papier.

Maintenant, devant vous, se déroule un court scénario de la situation pour laquelle vous cherchez des conseils. Chaque carte vous offre un présent, une occasion de voir ce qui se passe vraiment, comment cette situation affecte votre vie quotidienne, et la prochaine étape que vous devrez suivre en ce qui concerne cette situation particulière. Au fur et à mesure que se déroule chaque aspect de cette situation, soyez aussi ouvert que possible aux messages qui accompagnent chacune des cartes. Essayez de ne pas prendre vos besoins ou attentes en considération. N'oubliez pas que la dernière carte représente l'étape suivante, ce qui n'apporte pas forcément une solution à la situation actuelle.

Je fais cette mise au point, car la carte de la prochaine étape indique qu'il y a peut-être encore beaucoup à apprendre et qu'il vous faut plus d'information pour être en mesure de prendre une décision éclairée ou définitive. Tout dans notre vie n'a pas à être précipité ou accéléré. Parfois, le temps est la meilleure réponse que nous puissions obtenir. Donc, si la dernière carte semble indiquer clairement qu'il s'agit de la prochaine étape, recommencez le tirage dans quelques semaines et voyez si vous avez fait des progrès dans cette situation particulière, puis notez comment l'énergie autour de vous s'est modifiée. Amusez-vous avec ce tirage et utilisez-le pour ce qu'il est : un guide, un outil, une forme d'exploration supplémentaire d'un aspect de votre vie pour lequel vous avez besoin d'aide. Ni plus ni moins.

À propos de l'auteure

Leeza Robertson est une auteure à succès, coach littéraire, taromancienne et praticienne de l'art de la guérison. Elle dirige sa propre entreprise sur la pratique thérapeutique et le tarot, où elle travaille avec des femmes entrepreneures pour les aider à briser les croyances, les habitudes et les histoires dépassées et qu'elles puissent goûter au succès et au bonheur qu'elles méritent sur le plan divin. Pour plus d'information sur l'auteure, visitez www.TarotScapes.com.

À propos de l'artiste

Eugene Smith est un illustrateur indépendant qui dessine depuis aussi longtemps qu'il peut s'en souvenir. Il s'inspire de bandes dessinées, de livres, de films et des choses étranges et extraordinaires qu'il nous est possible de découvrir si nous nous arrêtons pour regarder. Après avoir été diplômé de l'Academy of Art University à San Francisco, il s'est installé à Chicago. Il y vit avec sa femme, ses deux filles et ses deux chats, qui un jour, espère-t-il, réussiront à s'entendre.

Remerciements de l'auteure

Ce tarot est né d'une vision collective, à laquelle j'ai simplement servi de vaisseau. Il y avait déjà une équipe de personnes qui ont apporté cette vision dans le monde et je ressens à la fois de l'humilité et de la gratitude d'avoir pu travailler à côté de chacun d'entre eux.

Je remercie de tout cœur Barbara Moore d'avoir vu cette étincelle en moi que je n'avais pas moi-même perçue. J'éprouve beaucoup d'amour et de reconnaissance pour le formidable artiste qu'est Eugene Smith, qui a pu voir les choses que je visualisais et leur donner vie sur papier. Mon plus profond merci à l'équipe de Llewellyn Worldwide pour avoir créé un espace qui a donné naissance à cette vision.

À mon épouse, Renee, je te remercie de ton soutien pendant que je rassemblais les éléments de ce projet. Et enfin et surtout, je rends grâce aux animaux qui me sont apparus et qui m'ont permis de partager une partie de leur histoire avec ceux qui choisissent de l'entendre. Ce jeu est la preuve vivante que nous ne traversons jamais seuls cette vie — que nous ne sommes jamais seuls lorsque nous créons et que la réussite est un travail d'équipe.

Remerciements de l'artiste

Un grand merci à Leeza Robertson, Lynne Menturweck et Barbara Moore pour leurs précieux conseils et leurs critiques constructives, de même que leur foi en moi pendant la réalisation de ce projet.

Mes parents, Katherine et Richard, qui m'ont encouragé à continuer à dessiner et à apprécier les arts, ce pour quoi je leur suis très reconnaissant.

Mes filles, Audrey et Vivienne, qui m'ont aidé à garder le moral et m'ont fait rire chaque fois que c'était nécessaire.

Enfin, je voudrais remercier mon épouse, Mary Flack. Son soutien constant et ses mots encourageants pendant ces longues soirées m'ont aidé à passer à travers cette gigantesque tâche. Je lui suis éternellement reconnaissant pour son amour et son sens de l'humour tout au long de cette aventure.

Achevé d'imprimer en juin 2019
sur les presses de la Nouvelle Imprimerie Laballery
58500 Clamecy
Dépôt légal : juillet 2019
N° d'impression : 906392

Imprimé en France

La Nouvelle Imprimerie Laballery est titulaire de la marque Imprim'Vert®